내 일을 위한 기록

일과 삶에서 성장하는 나를 위한 기록 습관

내 일을 위한 기록

제갈현열(단단) 지음

더퀘스트

추천의 글

기록은 나를 이해하고, 원하는 삶의 방향으로 나아가도록 돕는 힘이 된다. 《내 일을 위한 기록》은 이를 구체적인 방법과 사례로 풀어내며, 기록이 단순한 기억 저장을 넘어 내 일과 삶을 단단하게 만드는 길을 제시한다.

기록이 내 삶을 변화시키는 힘이 궁금하다면, 나만의 브랜드를 만들고 싶다면, 이 책이 든든한 안내서가 되어줄 것이다.

_리니, 《기록이라는 세계》 저자

기록이 쌓이면 길이 보이고, 불필요한 기록을 덜어내면 내가 보인다. 명 작가는 기록을 통해 자신을 단단하게 만들고, 퍼스널 브랜드로까지 확장시켰다. 특별한 사람이 아니라 평범한 우리도 작은 기록을 쌓아가며 나답게 성장할 수 있음을 증명하는 책. '잘 써야 한다'는 부담을 내려놓고, 일상의 작은 시간을 투자해 나와의 시간을 즐기는 법에 관한 책이기도 하다. '기록 디톡스'로 비우고, '5단계 습관'으로 채우기를 반복하다 보면, 어느새 내 안에 깊숙이 자리하고 있던 반짝임이 겉으로 선명하게 드러날 것이다.

_정혜윤, 《독립은 여행》 저자, 사이드 네비게이터

프롤로그

나를 성장시킨
하루 10분 기록 습관

　퇴사 후 '기록 정리 전문가'로 나를 알리며 기록과 관련한 워크숍을 열고 유튜브 채널을 개설했다. 워크숍에는 수백 명이 참석했고, 유튜브 채널은 첫 콘텐츠를 올린 지 9개월 만에 구독자 1만 명이 모였다.

　"세미나 듣고 1년 동안 미뤘던 폴더 정리에 성공했어요!"

　"저에게 필요한 것, 좋아하는 것만 눈에 보이게 정리하니까 머리까지 맑아진 기분이에요!"

　"기록에 대해 고민이 많았는데 속이 뻥 뚫렸어요."

　"강의를 들었을 뿐인데 왜 위로받은 기분이죠? 저도 이제 잘 기록할 수 있을 것 같아요."

역시 다들 기록에 관심이 많다니까! 신이 나서 워크숍을 진행하고 기업 강의를 다녔다.

그러던 어느 날, 강의를 듣는 한 참석자의 표정이 뭔가 이상했다. 분명 기록에 관심이 많을 텐데, 내가 지난 10년간 쌓은 방대한 기록 레퍼런스를 보더니 표정이 어두워졌다.

워크숍이 끝나고 그에게 이런 메시지를 받았다. "역시, 빡세게 살아야 하는 거였네요. 대단하세요, 진심이에요." 아차, 무언가 잘못 돌아가고 있었다. 나는 '바쁜 24시간을 쪼개서 더욱 치열하게, 더 많이 기록하세요!'를 전하고 싶은 게 아니었다. '더 쉽게, 더 효율적으로, 더 편하게 기록할 수 있는 시스템'이 워크숍의 핵심이었는데 사람들은 내 10년간의 기록을 먼저 보고 지레 겁을 먹었다.

결과가 아니라 과정을 공유해야 했다. 어떻게 하루 10분 자투리 시간으로 회고 기록 시스템을 구축할 수 있는지, 어떻게 출근길 버스에서 쓴 쪽글이 1만 자 분량의 긴 브런치 콘텐츠가 되는지, 어떻게 아침 5분 일기로 마음을 돌보고 꿈을 현실로 만들 수 있는지.

이 책에는 바로 그 방법을 담았다. 지난 10년간 나를 키우기 위해 고군분투하며 만든 기록법의 정수를 꾹꾹 눌러 담았다. 나는 베스트셀러 작가도 아니고, 기록학 교수도 아니고, 기록 도구로 엄청난 매출을 올린 사업가도 아니다.

하지만 자신 있게 말할 수 있는 것이 하나 있다. 나는 기록을 통해 내 안에 숨어 있던 고유한 매력을 찾아내 세상에 부지런히 알리고 있고, 기록으로 나의 브랜드를 만들어가고 있다. 다시 말해, 기록이 나만의 브랜드를 만들어주었다.

20년 넘게 숨겨둔 비밀이 하나 있는데, 이 책을 읽는 우리에게만 몰래 공개하겠다. 열두 살 때, 지갑에 이런 쪽지를 넣고 다녔다.

"세상에서 내가 제일 못났어."

그 어린아이가 대체 왜 그런 생각을 했을까. 나는 나를 미워했고 믿지 못했다. 어른이 되면 세상도 나도 달라질 거라고 생각했다. 하지만 내가 그대로인데 세상이 달라질 수는 없는 노릇이었다. 열심히 노력해서 좋은 대학에 입학하고 좋은 회사에 취직해도 나는 한없이 작고 초라한 존재 같았다. 더 좋은 대학, 더 좋은 회사에 들어간 친구와 끊임없이 비교했다. 이렇게 별 볼일 없는 회사원으로 살다가 그냥저냥 인생이 끝나버릴까 봐 두려웠다.

스물다섯 살 신입 사원이었을 때, 상사에게 거친 욕설을 듣고 안 그래도 낮은 자존감이 바닥을 쳤다. 회사를 그만둘 용기도 없었고, 아무렇지 않은 듯 집에 가서 가족들 얼굴을 볼 자신도 없었다. 그날부터 집이 아닌 동네 독서실로 퇴근했다. 어두컴컴한 독서실 책상에서 스탠드 불빛에 의지한 채 무작정 읽고 썼다.

기록은 나의 도피처였다. 그때의 기록은 다시 펼쳐 보기도 싫은 부끄럽고 민망한 '데스노트'였지만, 신기하게도 계속해서 읽고 쓰다 보니 그런 기록이라도 점점 쓸모 있는 무언가가 되기 시작했다. 당시 나에게 읽는 행위는 앞으로 어떻게 살고 싶은지, 나의 롤모델들은 어떻게 지금처럼 살게 되었는지 연구하는 일이었고, 쓰는 행위는 그 연구 결과를 일상에 적용하는 일이었다.

책 한 권을 읽으면 반드시 행동 하나를 바꾸었다. 아주 사소한 것들이었다. 연간 계획표의 타이틀을 '출간 작가 되기'로 바꾸었고, 초등학교 졸업 이후 접어두었던 일기를 다시 쓰기 시작했고, 가계부 앱을 다운로드받고, 에버노트에 글을 쓰기 시작했고, 그중 일부를 블로그에 올렸다.

아주 천천히, 10년이라는 시간 동안 기록은 나를 성장시켰다. IT 업계 상위 다섯 개 회사인 '네카라쿠배(네이버, 카카오, 라인, 쿠팡, 배민)' 중 한 곳으로 이직했고, 내 이름을 단 책을 출간했고, 200명의 주니어 직장인 앞에서 포트폴리오 강의를 했다. 쿠크다스처럼 작고 연약한 멘털을 단단하게 만들고 싶은 마음에 브런치에서 '단단'이라는 필명을 사용했더니, 어느샌가 이런 칭찬 댓글도 달렸다.

"단단한 내공이 느껴져요. 그래서 필명이 단단이군요?"

이 책이 기록 덕후의 잘난 척이 아닌 평범한 우리의 눈물 나는 레퍼런스로 읽혔으면 좋겠다. 쉽게 지치고 자책하며, 애써도 안 되는 마음에 애꿎은 사람만 질투하다가 끝내 포기해버리고 마는 평범한 우리가, 어떻게 하면 꾸준히 기록하고 이로써 성장할 수 있는지 같이 이야기 나누고 싶다.

　이 책에서는 이런 것들을 얻을 수 있다. 1장에서는 나를 키운 기록 장인들의 사례를 소개한다. 기록으로 성공한 사람들은 도대체 무엇이 다른지, 기록을 어떻게 사용했는지 살펴보자. 2장에서는 하루 10분을 투자해서 나를 키우는 5단계 기록법을 배울 수 있다. 3장과 4장에서는 5단계 기록법을 구체적으로 실천하는 방법을 알아보자. 중구난방 흩어진 메모를 질서 정연한 기록으로 바꾸고, 이 기록을 어떻게 콘텐츠로 만들어 세상에 내보이는지, 이렇게 쌓인 콘텐츠로 나를 브랜딩하는 방법은 무엇인지 등. 차근차근 읽어나가다 보면 삶을 변화시킬 힌트를 곳곳에서 발견할 수 있다.
　이 책을 덮을 때쯤, 기록은 우리를 새로운 시작으로 이끌 것이다. 새로운 나를 반갑게 맞이하자. 기록을 딛고 이미 내 안에 반짝이는 매력을 세상에 마음껏 드러내자.

차례

✦ 추천의 글 　　　　　　　　　　　　　　　　　　　004
✦ 프롤로그: 나를 성장시킨 하루 10분 기록 습관 　　　006

1장 | 기록이 브랜드가 될 수 있을까?

쓸모 있는 기록의 비밀 　　　　　　　　　　　　　　016
기록 장인의 비밀 ❶ 조금씩 꾸준히 쓴다 　　　　　021
기록 장인의 비밀 ❷ 하나의 주제로 계속 쓴다 　　　033
기록 장인의 비밀 ❸ 영감을 기다리지 않는다 　　　042
기록 장인의 비밀 ❹ 있는 그대로 쓰고 보여준다 　　055
　Tip　무엇을 쓸지 고민이라면, 일상 기록법 세 가지 　066

2장 | 하루 10분으로 나라는 기록을 쌓는 법

저절로 쌓이는 5단계 기록 습관 　　　　　　　　　　072
1단계 15초 영감 메모: 골든타임을 사수하라 　　　076
2단계 기록 디톡스: 설레지 않으면 지워라 　　　　082
3단계 기록에게 제자리 찾아주기: 기록 서랍과 폴더 사용법 　094
4단계 기록을 콘텐츠로: 나만의 해석을 더해 확장하기 　108
5단계 콘텐츠를 브랜드로: 나를 행동하게 하는 인생 질문 　115
　Tip　나에게 맞는 기록 서랍 찾기 　　　　　　　　128

3장 | 나만의 기록이 통하는 콘텐츠가 될 때

키워드부터 찾아야 하는 이유	132
과거, 현재, 미래의 기록에서 키워드 발굴하기 +템플릿	139
키워드를 엮어 뾰족한 메시지로 만드는 법	160
타인의 욕망을 읽고 콘텐츠로 확장하기	172
Tip 나라는 브랜드의 이름과 슬로건 정하는 법	184

4장 | 기록, 나라는 브랜드를 만들다

SNS 기록: 나를 알리는 가장 쉬운 방법	190
회고 시스템: 하루, 일주일, 한 달을 새로운 시선으로 보기	209
고민 해결 노트: 나의 고민이 누군가에게 인사이트가 된다 +템플릿	233
포트폴리오: 새로운 기회를 찾아 나서는 전략적 기록 +템플릿	245
Tip 내 브랜드의 시장성 테스트하기: 출판사 투고 & 플랫폼 제안	268

✦ **에필로그:** 내 일을 위한 가장 확실하고 지속 가능한 무기　　272

1장

기록이 브랜드가 될 수 있을까?

쓸모 있는
기록의 비밀

✦ 저 사람은 나랑 뭐가 다른 걸까

챗GPT를 주제로 글을 쓰기 위해 자료를 검색하다가 커리어 콘텐츠 플랫폼인 퍼블리에서 '챗GPT로 영어 공부하는 법'이라는 콘텐츠를 발견했다. 이런 꿀팁을 소개하는 필자가 누구인지 궁금해져서 곧바로 그의 블로그와 인스타그램을 팔로우했다.

그와 나는 공통점이 많았고 자연스럽게 관심 주제로 소통하며 친해졌다. 둘 다 IT 회사에서 일하고, 디지털 기록을 좋아하며, SNS로 생각을 알리는 일에 열심이었다. 몇 년 동안 온라인으로만 연락을 주고받다가 어느 날 드디어 오프라인에서 만나자는 약속을 잡았다.

각자 자주 활용하는 디지털 기록 앱을 서로에게 소개해주며 시간 가는 줄 모르다가 불쑥 이런 이야기가 나왔다.

"도대체《세컨드 브레인》의 저자 티아고 포르테랑 우리랑 뭐가 다를까요? 우리도 디지털 기록 잘하잖아요. 어떻게 그 사람은 그렇게 세계적으로 유명해졌을까요?"

그건 내 인생 질문이기도 했다. 베스트셀러 책을 쓰고, 온라인에서 몇 십만 구독자를 보유하고, 자신만의 브랜드를 가열차게 만드는 사람들은 도대체 나와 무엇이 다른 걸까? 왜 누군가의 기록은 브랜드가 되고 누군가의 기록은 아무도 모르게 조용히 묻히는 걸까?

나의 기록 성장 과정은 그 질문에 대한 답을 찾는 단계였다. 글쓰기 안내서와 자기계발서를 읽으며 앞서간 사람들의 조언을 그대로 따라 해봤다. 답답할 만큼 더뎠지만 동시에 조금씩 앞으로 나아가는 걸 느꼈다. 그렇게 평생 나한테는 열리지 않을 것 같던 문이 하나씩 열렸다.

✦ 기록 장인과 함께한 기록 성장 과정

본격적으로 디지털 기록을 시작한 2015년부터 2024년까지 10년간 닮고 싶은 기록 장인을 찾아다녔고, 그들의 책과 강연에

나의 기록 성장 과정

기록 장인에게 받은 영감	시도와 변화
에버노트 사용법 강의	에버노트에 기록 시작
《유시민의 글쓰기 특강》 (유시민)	하루 30분 글쓰기 루틴 시작
《책 한번 써봅시다》 (장강명)	- 브런치 작가 합격 - 첫 번째 책 출간 계약
인스타그램 마케팅 강의	- 첫 책 《매일매일 채소롭게》 출간 - 인스타그램과 블로그 본격 시작
SNS 운영 노하우 & 디자인 강의	- 인스타그램 팔로워 1,000명 돌파 - 브런치 '포트폴리오 작성법' 콘텐츠로 퍼블리 아티클 발행 및 강연
《프로세스 이코노미》 (오바라 가즈히로)	'내 콘텐츠로 전문가 되는 법'으로 브런치북× 클래스101 공모전 수상
《시대예보: 핵개인의 시대》 (송길영)	- 인스타그램 팔로워 2,000명 돌파 - 브런치 구독자 3,000명 돌파 - SNS 기록법 강연
《세컨드 브레인》 (티아고 포르테)	- 두 번째 책 출간 계약 - 유튜브 시작 & 구독자 1만 명 돌파

서 시도하고 변화할 것에 대한 힌트를 얻었다.

내 어릴 적 꿈은 전업 에세이 작가였다. 하지만 세상은 "넌 재능이 없어서 안 돼"라는 신호만 보낼 뿐이었다. 대학생 인턴기자, 극본 공모전, 브런치북 프로젝트에서 모두 탈락했다. 회사 말고는 정말 답이 없는 걸까, 좌절하던 나에게 기록이 보일 듯 말 듯한 희망의 손길을 건넸다.

'어쩌면 기록으로 뭔가를 해볼 수 있을지도 몰라.'

그리고 10년간의 노력 끝에 꿈꾸던 전업 작가가 되었다. 아직 월급만큼 벌지는 못하지만, 계속해서 기회가 찾아오고, 조금씩 나아가고 있다. 기록은 나를 어떻게 성장시켰을까?

이 책을 쓰면서 나에게 영감을 줬던 기록 장인들을 포함해 수많은 기록 장인의 사례를 찾아봤다. 각각 다른 자리에서 어떻게 각자의 방식으로 성장했는지 연구하다 보니 공통점이 보였다.

<기록으로 성장한 사람들의 공통점 네 가지>

1. 오랜 시간 꾸준히 기록한다.
2. 기록 대상과 목적이 명확하다.
3. 영감을 기다리지 않고 루틴과 시스템 속에서 영감을 발굴한다.
4. 부끄러움을 무릅쓰고 공개된 공간에 기록을 공유한다.

1장에서는 기록 장인의 네 가지 기록법을 파헤치며, 적용 방법을 알아볼 것이다. 성장하는 사람들은 '고정 마인드셋'이 아니라 '성장 마인드셋'을 가지고 있다. 고정 마인드셋은 '저 사람은 똑똑하게 태어나서 그래. 나는 바뀔 수 없을 거야'라며 나의 한계를 고정해버리는 태도다. 반면 성장 마인드셋은 '쉽지 않겠지만 나도 변할 수 있어. 대단해 보이는 저 사람도 한 단계씩 성장한 거야'라며 나의 성장과 변화를 믿는 태도다. 나조차 나를 믿어주지 않는다면, 도대체 세상 누가 나를 믿어준다는 말인가.

이 책을 읽으며, 우리는 스스로의 든든한 치어리더가 될 것이다. 지금 정상에 올라간 멋진 사람들에게도 서툰 시작이 있었다. 새로운 습관을 시도하고 꾸준히 반복하면서, 두려움을 용기로 바꾸다 보면 우리에게도 기회는 틀림없이 찾아온다. 자, 그럼 이제부터 기록 장인들의 이야기로 넘어가보자.

기록 장인의 비밀 ❶
조금씩 꾸준히 쓴다

✦ **매일 30분 글쓰기의 힘**

　글 쓰는 변호사, 정지우 작가의 이력은 독특하다. 전업 작가로 활동하다가 서른두 살에 뒤늦게 로스쿨에 입학하고 서른다섯 살에 신입 변호사가 되었다. 변호사 겸 작가라고 하면 대부분 '변호사가 글도 쓰네'라고 생각하겠지만, 그는 반대로 작가로 먼저 활동하다 변호사가 된 사례다.

　그는 중학생 때부터 보여주는 글을 써왔다. PC통신 게시판에 '스타크래프트' 공략법을 쓴 것을 시작으로, 커뮤니티에 판타지 소설을 올리기도 했고, 스무 살부터는 블로그를 시작했다. 작가는 오래 품어온 꿈이었으므로, 대학에서는 국어국문학을 전공하고 국문과 대학원에도 진학했다. 그렇게 지금까지 20년째 매일 글을 쓰고 있다.

그러나 전업 작가로만 살기에는 수입이 안정적이지 않았다. 전문 강연가, 출판사 취직 등 여러 방법을 고민하다가 로스쿨에 다니던 여동생이 변호사는 글 쓰는 일이 많으니 잘 맞을 것 같다고 권유한 것을 계기로 변호사가 되었다.

정지우 작가는 스스로를 '쓰는 사람'이라고 정의한다. 첫 시작이 작가였기 때문이 아니라 20년째 매일 글을 쓰기 때문이다. 로스쿨에 다니며 수험 생활을 하면서도, 갓난아기를 키우며 이유식을 만들어 먹이면서도 틈틈이 글을 썼다. 그렇게 20년간 거의 매년 책을 냈다.

그는 매일 밤 30분간 글을 쓴다. 이 정도라면 누구나 할 수 있을 것 같지만, 20년간 글쓰기를 지속한다는 것은 다른 차원의 놀라운 끈기다. 이렇게 매일 꾸준한 글쓰기를 통해 정지우 작가는 무엇을 얻었을까. 로스쿨에 합격하고 변호사가 된 것? 작가 겸 변호사로 매년 책을 내고, 강연과 방송 출연을 왕성하게 하는 것?

물론 그가 고군분투하며 얻어낸 '작가 겸 변호사'라는 정체성은 분명 시선을 끄는 타이틀이다. 하지만 정지우 작가는 눈에 보이는 성과보다 더 중요한 것을 얻었다고 말한다. 바로 '깨어 있음의 상태'다.

정지우 작가가 말하는 깨어 있음이란 잠든 상태의 반대다. 집중력과 업무 효율이 높아지는 각성 상태. 시간을 흘려보내지 않고 적극적으로 설계하는 상태다. 정지우 작가는 출근 후 피곤하고 몽롱하다가도 점심시간에 브런치 카페에서 30분간 글을 쓰면 정신이 또렷해지고 일의 효율이 오르며 할 일을 적극적으로 찾게 된다고 말한다.

그가 말한 글쓰기와 깨어 있음의 관계를 나는 이렇게 이해한다. '글쓰기는 정신없이 달리는 경주마에게서 눈가리개를 벗겨내는 일.' 앞만 보고 달리다가 갑자기 시야가 사방으로 뻥 뚫리면 똑같은 상황도 다르게 바라볼 수 있게 된다. 부정적인 감정에 매몰되지 않으며 시야를 넓혀 장기적으로 깊게 생각할 수도 있다.

정지우 작가는 하루 30분 글쓰기 덕분에 늘 깨어 있는 상태에서 작가 겸 변호사로 활발하게 활동할 수 있었다. 30분 글쓰기를 꾸준히 하면 생각이 깊어지고, 삶의 해상도가 선명해지며, 일상의 주파수가 높아진다. 그 결과 업무에 더 집중할 수 있게 되고 이는 좋은 성과로 이어진다. 정지우 작가가 자신 있게 30분 글쓰기를 권하는 이유다.

✦ 자투리 글쓰기 습관 만들기

2015년부터 본격적으로 블로그 에세이를 연재했다. 그때만 해도 나에게 기록이란 영감이 떠오르는 순간을 기다리는 수동적인 활동이었다. 영감은 강렬한 감정과 함께 찾아오곤 했는데, 대개는 부정적인 감정이었다. 상사에게 과도한 질책을 받은 날, 동료에게 무례한 업무 요청을 받은 날, 출근 후에도 딴생각으로 머릿속이 가득 찬 날 등, 마음속에 맺힌 응어리를 쏟아내듯 에세이를 썼다.

분노를 담아 우다다다 글을 쓰고 나면 메모장을 멀찍이 방치하고 다시 열어보지 않았다. 가뭄에 비가 찔끔찔끔 내리듯 기분 내킬 때만 기록했다. 기록, 그중에서도 글쓰기를 좋아한다고 말하면서도 정작 제대로 된 글은 쓰지 못했다. 그 와중에도 유명 작가들의 작법서를 읽으며 나와 그들의 거리감만 계속해서 확인했다.

이런 나에게 두 명의 작가가 죽비를 들고 다가와 시원하게 어깨를 탕탕 하고 내리쳤다. 유시민 작가와 김연수 소설가였다.

유시민 작가는 《유시민의 글쓰기 특강》에서 하루 30분 자투리 시간을 활용해서 글쓰기 습관을 들이라고 권한다. 하루 30분이면 매주 엿새를 기준으로 1년 동안 150시간이 넘는 긴 시간이며, 이를 3년간 꾸준히 이어가다 보면 초등학생 수준에서 대학생 수준으로 글솜씨가 좋아진다고 설명했다.

이 책을 읽고, 바로 다음 날부터 하루 30분 글쓰기를 시작했다. 출근 전이나 퇴근 후에는 집중력이 떨어져 출퇴근길 버스에서 써보기로 했다. 문제는 기록 도구였다. 덜컹거리는 버스에서 글을 쓰려면 휴대폰 메모 앱이 적당하고, 깜박하고 저장 버튼을 누르지 않아도 자동 저장이 되어야 하며, 쓰다 만 글을 집에서 이어 쓰려면 여러 기기에서 호환이 되면 좋겠는데…. 고민 끝에 구글 킵(keep) 앱을 활용하기로 했다.

오전 8시 출근 버스 안, 잠과 사투를 벌이는 직장인과 거북목 자세로 드라마를 보는 대학생 옆에서 글을 쓰는 건 꽤나 뿌듯한 일이었다. 처음에는 정해진 주제 없이 아무거나 썼다. 눈에 들어오는 풍경을 묘사하기도 했고, 출근하기 싫은 마음을 토로하기도 했다. 쪽글 쓰기에 재미가 붙자 자투리 시간이 날 때마다 휴대폰을 꺼내 글을 썼다. 탕비실에서 커피를 내릴 때, 엘리베이터를 기다릴 때, 약속 시간에 늦는 친구를 기다릴 때 등. 오히려 주어진 시간이 짧으니까 마감에 쫓기는 기분으로 집중할 수 있었다. 꾸물거리며 층마다 멈추는 엘리베이터가, 매번 10분씩 늦는 친구가 반갑게 느껴질 정도였다.

그렇게 하다 보니 일주일에 600자 분량의 글을 두세 편 쓸 수 있었다. '이걸 3년만 하면 글솜씨가 좋아진다는 거지?' 유시민 작가의 말을 굳게 믿으며 자투리 글쓰기를 이어나갔다. 그렇게 눈에 띄게 글쓰기 실력이 좋아졌고, 내 글을 읽어주는 사람이 점점 늘어나 출간 제안이 쏟아지더니, 마침내 베스트셀러 작가가 되었다… 라고 말할 수 있으면 좋았겠지만 그런 드라마틱한 변화는 일어나지 않았다.

1년쯤 지난 다음에도 여전히 내 글은 투덜이 스머프에 머물렀다. 3년을 어떻게 기다리지? 3년이 지나면 정말 변화가 있을까? 아니라면 이게 다 무슨 소용이지? 어쩌면 나는 시간 날 때마다 메모장에 회사 욕이나 늘어놓는 소심하고 자기 중심적인 사람 아닐까? 그때 나에게 손을 내민 것은 김연수 소설가였다.

✦ 목표는 조회 수가 0인 블로그 글쓰기

당시 나는 일상 기록으로 글쓰기 근육을 기르는 단계였지만, 그 기록은 감정을 배출하는 수단에 그쳤다. 그러나 동시에 기록으로 멋진 무언가를 이룬 사람이 되고 싶었다. 그즈음 브런치라는 글쓰기 플랫폼에서 출간과 연계한 공모전을 개최한다는 소식을 들었다. 그리고 얼마 후 대학 동기가 인스타그램에 브런치 공모전 금상 수상 소식을 전했다. 너무 부러웠다. 원래 한참 멀리 앞서간 사람의 성공보다 나와 비슷한 줄 알았던 친구의 반 발짝 앞선 성장이 더 부럽고 배 아픈 법이다.

김연수 작가는 산문집 《소설가의 일》에서 매일 글 쓰는 사람만이 작가가 될 수 있다고 했다. 그의 문장을 읽으며 마음만 앞섰던 나를 돌아보았다. 나는 매일 쓰는 사람이 아니라 그저 작가가 되고 싶었던 것이다. 그 마음이 커질수록 재미를 잃어갔고, 계속 쓸 필요성도 느끼지 못했다. 하지만 작가가 된 사람들에게는 예외 없이 '매일 쓰는 일상'이 있었디. 매일 쓴다고 해서 모두가 김연수 작가처럼 뛰어난 소설가가 될 수는 없겠지만, 작가가 되려면 어쨌든 매일 써야 한다. 그러니까 나에게도 매일 쓰는 습관을 기르는 일이 필요했다.

30분 글쓰기를 계속할 거라면, 결과에 연연해봤자 도움될 게 없었다. 계속 쓰는 것으로 목표를 수정하고 세상에서 가장 못난 글을 쓰겠다고 결심했다. 이를 위해 명확하고 측정 가능한 목표로 조회 수 0이 나오는 블로그 에세이를 써보기로 했다.

뭐 이런 쓸데없는 목표를 세우는 청개구리가 있냐고? 세상에는 다양한 사람이 있지 않은가. 의외로 나와 비슷하게 목표를 뒤집은 기록 장인이 또 있었다. 바로 다이어리 하나로 인생을 바꾼 이경원 작가다. 《당신의 기록은 꽤나 대단합니다》를 쓴 이경원 작가는 다이어리를 꾸준히 쓰는 습관 덕분에 다수의 기업과 공공기관에서 강의를 하게 되었고, 다이어리 펀딩으로 3개월 만에 3,000만 원의 매출을 달성했으며, 다이어트로 40킬로그램을 감량하고 모델 계약도 맺었다.

기록으로 인생을 송두리째 변화시킨 그도 첫 시작은 불안했다. 직장을 다니면서 주말에 '소원을 이루는 다이어리 클래스'를 진행했을 때는 '아무도 오지 않으면 어쩌지'라는 걱정이 앞섰다고 한다. 그때 그가 세운 목표는 수강생 0명. 정말 수강생이 한 명도 없으면 목표 달성이고, 수강생이 있으면 클래스가 문제없이 진행될 테니 어느 쪽이든 잃을 게 없었다.

이경원 작가의 청개구리 같은 계획처럼 조회 수 0을 목표로 한 매일 30분 글쓰기는 결국 실패했다. 왜냐고? 조회 수가 멈추지 않고 계속 늘어났기 때문이다. 한 명, 두 명, 어느 순간부터는 올릴 때마다 20명, 30명이 봐주었다. 매번 빠짐없이 글을 읽고 댓글과 좋아요를 남겨주는 독자도 생겼다.

✦ 일요일엔 저랑 선약이 있어서요

이렇게 매일 에버노트와 블로그에 짧은 에세이를 쓰다가 브런치를 시작한 후로 긴 글쓰기를 해야겠다는 생각이 들었다. 600자 분량의 글은 일상의 한 장면을 단편적으로 정리한 것이었으므로 읽을 만한 무언가로 발전시키려면 더 깊은 사고가 필요했다. 감각을 자극하는 짧은 문장이 주는 힘도 있지만, 기록이 기회로 이어지기 위해서는 긴 글을 써야 한다. 매일 30분 자투리 시간의 힘으로 습관을 만들었다면 이제 다음 단계, 덩어리 시간이 필요한 시점이었다.

이 목표를 달성하기 위해서는 새로운 루틴이 필요했다. 이 루틴을 나와의 약속이라고 생각하고 캘린더에 일정을 등록했다. 일요일 오후 5시부터 7시까지 연남동 카페에서 글쓰기. 앞으로 일요일은 나와의 선약이 있다고 생각하니 마음이 편해졌다. 글을 쓸 시간이 없다는 조급함이 사라졌고, 다른 약속 때문에 소모한 시간을 아쉬워할 필요도 없었다. 친구들에게는 "일요일에는 선약이 있어"라는 한마디면 충분했다.

'나와의 선약 잡기'는 리더십 코치인 김호 작가의 책 《직장인에서 직업인으로》에서 힌트를 얻었다. 김호 작가는 무슨 일을 하려면 그 일을 하기 위한 시간부터 확보해야 한다며, 아무도 침범하지 못하는 나와의 선약을 잡아서 계획한 일을 해야 한다고 강조했다. 어른에게 필요한 것은 거절과 포기 능력이라는 그의 말을 되새기며 나와의 선약을 절대 무너뜨리지 않겠다고 다짐했다.

✦ **그럼에도 기록을 시작하기 어렵다면**

첫 회사에서 친하게 지내던 동료가 10년 만에 연락을 했다. SNS로 나의 근황을 보고 있다면서 자신도 꾸준히 기록하고 글 쓰는 습관을 기르고 싶은데, 평일 저녁이든 주말이든 에너지가 부족해 시작하기가 어렵다는 고민을 털어놓았다. 이 친구만의 문제가 아니다. 리추얼 플랫폼 밑미의 공부 리추얼 커뮤니티에서 3년 넘게 만난 메이트(커뮤니티 멤버)들도 똑같은 고민을 한다. 막상 결심하고 나가면 30분 달리기를 거뜬하게 해내지만 나가는 일 자체가 가장 어려운 것처럼 기록 습관을 만드는 일도 마찬가지다.

당연하다. 몸과 마음이 지친 상태에서는 30분 글쓰기조차 어려운 과제다. 이럴 때는 큰 목표를 잘게 쪼개서 여러 개의 가벼운 목표로 바꿔주어야 한다. 큰 목표는 결국 작은 목표의 합이므로 작은 목표를 세워서 하나씩 성공하다 보면 큰 목표에 가까이 다가갈 수 있다. 어렵지 않게 기록 생활을 지속할 수 있는 작은 목표를 세 개만 세워보자. 예를 들면 이렇게.

<기록 생활을 지속하는 작은 목표>
1. 침대에서 일어나 책상에 앉기
2. 책을 펼쳐서 밑줄 그은 문장 3개 필사하기
3. 휴대폰 사진첩을 열어 불필요한 사진 10개 지우기

작은 목표에 좋아하는 것을 결합하는 것도 좋은 방법이다.

<기록 생활을 지속하는 팁: 목표에 좋아하는 것을 더하기>
1. 퇴근하고 샤워한 다음 향초를 켜고 책상 앞에 앉기
2. 주말 오전에 좋아하는 플레이리스트를 켜고 식탁에 앉아 블로그 글쓰기
3. 좋아하는 동네 카페에서 즐겨 마시는 음료를 주문하고 다이어리 펼치기

해야 하는 일의 귀찮음을 좋아하는 일을 떠올릴 때의 설레는 마음으로 덮는 방법이다. 꾸역꾸역 하기보다 슬렁슬렁 시작해

보자. 그래야 꾸준히 할 수 있다. 좋아하는 일로 눈속임을 하고 구렁이 담 넘어가듯 기록 모드로 전환하자. 그리고 타닥타닥, 경쾌하게 키보드를 두드리며 기록해보자.

흠, 그런데 무엇을 기록하는 게 좋을까?

기록 장인의 비밀 ❷
하나의 주제로 계속 쓴다

✦ 키우고 싶은 것 기록하기

독일 분데스리가 FSV 마인츠 05의 에이스, 축구 선수 이재성은 인터뷰에서 커리어 비결에 대해 묻자 '기록'이라고 답했다. 그 시작은 학생 시절 감독님의 불시 검사가 두려워 마지못해 쓰던 축구 일지였다.

그는 스무 살이 되던 해, 스스로 다이어리를 구입하면서 본격적으로 일기를 쓰기 시작했고, 이것이 칼럼과 블로그 글로 발전했다. 2024년에는 네이버스포츠 공식 스토리텔러로 활동하기도 했다.

이재성 선수는 기록이 성공을 보장해주지는 않지만 성공 확률은 높여준다고 말한다. 덧붙여 성과를 내기 위한 기록을 하려면 성과의 목적과 달성을 위한 구체적인 내용이 무엇인지 고민해야 한다고 강조했다. 그의 일기에는 기상과 취침 시간, 훈련 내용이 자세하게 담겨 있다.

일 잘하는 사람들에게는 자신만의 업무 기록이 있다. 이 기록에는 명확한 목적이 있다. 보고서를 더 깔끔하게 핵심만 정리하고 싶다거나 지난해보다 매출을 120퍼센트 성장시키고 싶다는 분명한 목표를 등대 삼아 기록을 한 겹 한 겹 쌓는 것이다.

좋은 것을 보면 빠짐없이 모두 기록하고 싶은 유혹에 빠진다. 그러다 보면 방향성을 잃기 쉽다. 누구나 기록할 수 있고 무엇이든 기록이 될 수 있지만 아무 기록이나 성장으로 이어지지는 않는다. 무엇보다 먼저 나의 목적을 파악해서 그에 맞는 소재를 명확하게 기록해야 한다.

나는 동료들과의 관계에서 쉽게 상처받았고 생각과 고민이 많았다. 자연스럽게 내가 키우고 싶은 것은 커뮤니케이션과 마음 관리 능력이었고, 그 고민을 주제로 책을 읽고 글을 썼다. 브런치에서 처음 발행한 매거진도 회사 생활 에세이였다.

똑같은 사람들과 똑같은 일을 해도 키우고 싶은 주제는 저마다 다르다. 옆자리 동료는 요즘 유행하는 마케팅 레퍼런스를 수집하고 싶어 하고, 앞자리 팀장은 리더십 역량을 키우고 싶어 한다. 나의 성장 목표를 명확하게 정하고, 그 주제를 기준으로 기록을 쌓아야 한다. 그래야 계속 기록하고 있는데도 변화가 없다는 고민에서 벗어나 효과적으로 성장할 수 있다.

✦ 구체적으로 기록하기

이재성 선수의 일기에는 목표와 훈련 내용이 자세하고 솔직하게 적혀 있다. 특히 그는 '목표의 구체성'을 강조한다. 예를 들면 '유럽 진출'이라고 쓰는 대신 '시즌 20경기를 뛸 수 있는 유럽 팀 이적'이라고 쓰라는 의미다. 목표를 뭉뚱그려 적으면 방향성이 머릿속에서만 맴도는 상태에서 멈춘다. 이런 생각을 바깥으로 끄집어내서 명확한 문장으로 기록해야 한다. 그렇게 구체적인 언어로 다시 한번 확인할 때, 비로소 목표를 이루기 위한 구체적인 실천 방안이 떠오르게 된다. 성공한 사람들이 꿈은 글로 써야 이루어진다고 말하는 이유다.

예를 들어, '업무 커뮤니케이션 스킬 강화하기'라고만 쓰면 무엇을 해야 할지 감이 잘 오지 않는다. '기록 습관 만들기'라고만 하면 해결할 숙제는 생기지만 행동으로 이어지기는 어렵다. 오히려 마음만 앞서고 몸이 움직이지 않아 더욱 답답해진다. 따라서 구체적으로 무엇을 어떻게 할지까지 지정해줘야 한다. 마치

애매한 목표를 구체적인 목표로 바꾸기

애매한 목표		구체적인 목표
업무 커뮤니케이션 스킬 강화하기		회의할 때 동료의 이야기를 끝까지 다 듣고 내 생각 말하기
보고서 잘 쓰기		잘 쓴 보고서 20개 찾고, 구조를 분석해서 템플릿으로 만들기
기록 습관 만들기		퇴근 후, 밥 먹고 샤워하고 바로 식탁에 앉아 30분 글쓰기
오프라인 커뮤니티 리딩 역량 키우기		멤버의 자발적인 참여를 이끌어낼 수 있는 미니 게임 개발하기

AI에게 명령을 내릴 때처럼 나에게도 분명하고 명확한 지시가 필요하다.

목표와 실천 방안을 콘텐츠로 발전시킨다고 생각해보면, 큰 주제보다 좁고 깊은 주제가 훨씬 매력적이기도 하다. '좋은 콘텐츠 기획안 쓰는 법'보다 '사내 유튜브, 예산 없이 500만 조회 수를 달성한 콘텐츠 기획안은 뭐가 다를까'라는 콘텐츠가 훨씬 시선을 사로잡는다.

✦ 좋아하는 것 기록하기

무엇을 키울지 고민이라면 좋아하는 것부터 기록해보는 것도 방법이다. 좋아하는 것을 열정적으로 추구하는 사람에게는 마음을 끌어당기는 힘이 있다. 아이돌 덕질 에세이 《좋아하는 마음이 우릴 구할 거야》를 재미있게 읽었던 기억이 난다. 남의 덕질 이야기가 재미있게 느껴진 이유는 좋아하는 마음이 주는 에너지 덕분이었다.

세상의 모든 책은 좋아하는 것을 기록한 결과물이다. 책 한 권을 쓰려면 적어도 원고지 800매, 즉 16만 자 분량의 글을 써야 한다. 1만 6,000자가 아니라 16만 자다. 한 주제에 대해 그만

큰 글을 쓸 수 있으려면 그 주제를 정말 좋아해야 한다. 오랜 고민과 다양한 경험이 쌓여야 함은 물론이다.

이렇게 말하면 꼭 대단한 내용을 기록해야 할 것만 같지만 부담을 가질 필요는 없다. AI, 고전 문학, 운동처럼 꼭 거창하고 멋져 보이는 주제가 아니어도 좋다. 일상에서 소소하게 좋아하는 것으로도 누구나 좋은 기록을 만들 수 있다. 양말, 떡볶이, 순정만화, 서재, 스웨터처럼 일상적인 소재를 주제로 발간되는 에세이 시리즈 '아무튼'을 떠올려보자. 누구에게나 일상을 오래 함께 해온 무언가가 하나쯤은 있다.

꼭 열렬하게 좋아할 필요도 없다. 세상에는 열성적인 덕질 능력자보다 소박한 애호가들이 더 많다. 멋지고 대단해 보이는 주제로 글을 쓰는 작가들 때문에 우리가 좋아하는 대상이 실제보다 더 작아 보일지도 모르지만, 어깨에 힘을 빼고 순수하게 좋아하는 마음을 다시 들여다보자.

✦ 한 가지를 꾸준히 기록하기

나 역시 처음에는 뭘 기록할지 몰라서 헤맸다. 한참을 고민하다가 일단 무엇이든 한 가지를 선택해보기로 결심했다. 꼭 주말을 몽땅 바칠 만큼 좋아하는 게 아니어도 3개월 정도 쭉 기록해 볼 만한 주제가 한두 개 쯤은 있을 것 같았다. 그러다가 흥미를 잃으면 바꾸면 된다는 생각으로 부담 없이 기록을 쌓는 게 우선이었다.

마침 재수 끝에 브런치 작가 신청에 통과한 다음 주제를 고민하던 시기였다. 당시 회사 스트레스로 위장 기능이 많이 떨어져서 평소보다 조금만 과식하거나 기름지고 자극적인 음식을 먹으면 여지없이 몸이 아팠다. 건강에 대한 위기감이 몰려와 퇴근 후 장을 봐서 채소 요리를 해 먹기로 했다. 몇 번 하다가 흐지부지될까 봐 매주 일요일마다 브런치에 글을 올리겠다는 목표도 설정했다. 완성된 요리를 사진 찍어서 짧은 글과 함께 브런치에 업로드했다. 봐주는 사람이 있으면 포기하기 민망해서라도 꾸준히 해볼 수 있을 것 같았다.

혼자 살던 때라 한 가지 채소를 구매하면 좀처럼 줄어들지 않아 일주일 내내 먹어야 했는데, 매번 같은 음식을 먹는 게 지겨워서 다양한 채소 레시피를 찾아봤다. 몇 번 하다 보니 빠르게 요리하는 노하우와 하나의 재료로 다양한 음식을 만드는 방법도 터득했다. 몇 달 뒤에는 채소 일기를 책으로 내보자는 출간 제안도 받았다.

운 좋게도 그즈음 채식에 대한 사회적 관심이 높아지고 있었고, 영화 〈리틀 포레스트〉에서 김태리 배우가 맛깔나게 집밥을 해 먹는 모습도 사람들의 관심을 끌었다. 채식을 시작하고 싶은데 엄격한 비건이 될 자신은 없어서 하루 한 끼 채소 요리에 도전하는 사람도 많아졌다. 그런 이들에게 요리에 서툰 직장인이 퇴근 후 간단하게 채소 요리를 해 먹으며 건강하게 생활한다는 컨셉은 매력적으로 느껴지지 않았을까.

그렇게 인생 버킷리스트였던 '내 이름으로 된 책 한 권 내기'를 이뤘다. 하나의 주제로 꾸준히 기록하다 보면 자연스럽게 그 주제가 내 핵심 키워드이자 브랜드가 된다는 것을 깨달았다.

하나의 주제를 꾸준히 훈련하면 무엇이든 능숙해진다. 로마에서 10년 넘게 일한 어느 베테랑 여행 가이드는 지인들로부터 "어쩜 그렇게 말을 잘해요? 역시 가이드를 오래 해서 그런가 봐요"라는 칭찬을 자주 듣는다고 한다. 그는 말하기 실력이 좋아진 이유를 이렇게 설명했다. 여행 가이드를 하다 보면 똑같은 여행지를 여러 번 반복해서 설명해야 하지만, 다양한 연령대와 성향을 가진 고객마다 전달하는 방식은 달라져야 한다. 그러다 보면 어떤 경우에도 찰떡같이 말하는 내공이 쌓이게 된다는 것이다.

기록을 통한 성장도 같은 원리다. 중구난방으로 이것저것 기록한다면 한 주제에 대한 생각을 깊게 쌓기 어렵다. 물론 초반에는 나에게 맞는 주제를 찾기 위해 여러 소재를 시도해볼 수 있고 주제를 바꿀 수도 있다. 하지만 하나의 주제를 선택했다면, 최소 3개월은 끈기 있게 기록할 것을 추천한다. 3개월은 변화를 만들어내는 최소 단위이기 때문이다. 한 달은 너무 짧아서 마음만 앞서고, 1년은 너무 길어서 늘어진다. 혹시 3개월이 지나고 주제를 바꾼다고 해도, 그동안 쌓은 시간과 경험은 다른 기록을 축적할 때에도 분명 도움이 된다.

무엇이든 쓸데없는 경험은 없다. 그러나 이를 더욱 쓸모 있는 경험으로 만들려면 적어도 그 경험을 하는 순간에 온전히 몰입할 수 있어야 한다. 기분만 대충 내면 내 안에 남는 게 없다. 3개월 정도는 즐겁게 몰입할 수 있는 주제가 무엇인지부터 먼저 찾아보자. 그럼에도 여전히 모르겠더라도 걱정은 잠시 내려두자. 이 책 3장에서 나도 모르게 쌓아둔 기록을 파헤치며 나만의 핵심 키워드를 찾는 방법을 함께 살펴볼 것이다. 우선 다음 챕터에서 새로운 기록 장인과 함께 우리가 늘 찾아 헤매는 '영감'을 길어 올리는 법을 알아보자.

기록 장인의 비밀 ❸
영감을 기다리지 않는다

✦ **내 안에서 영감이 나온다**

예술가 하면 어떤 이미지가 떠오르는가. 나는 자유분방한 반항아가 생각난다. 밤낮이 바뀐 채 한밤의 감수성으로 작품을 만든 다음 해가 뜰 때쯤 잠들거나, 들쭉날쭉 제멋대로 살지만 마음만 먹으면 순식간에 멋진 작품을 만들어내는 사람. 그러나 많은 예술가의 일상을 자세히 들여다보면 의외로 엄격한 시스템에서 규칙적인 리듬이 발견된다. 이들에게 영감이란 하늘에서 뚝 떨어지기를 기다리는 것이 아니라 적극적으로 찾아 나서는 것이다.

책상에서 노트북과 씨름하며 기록을 남기는 작가들은 특히 규칙적인 루틴을 중시한다. 소설가 무라카미 하루키는 엄청난 생산성만큼이나 엄격한 루틴으로 유명하다. 그는 새벽 4시에 일어나 5~6시간 동안 집중해서 글을 쓴다. 아침 식사로는 두부처럼 간단한 음식을 조금 먹는다. 오후에는 달리기 또는 수영을 하거나 약간의 낮잠을 잔다. 저녁에는 책을 읽거나 음악을 듣고 다음 날 작업을 준비한 다음 9시쯤 일찍 잠에 든다. 이 루틴을 하루도 빠짐없이 매일 지킨다. 만나는 사람도 없고, 강연이나 인터뷰에도 좀처럼 응하지 않고, 문단 활동도 하지 않는다. 오로지 집에서 글만 쓰는 삶을 30년째 이어가고 있다.

소설가 장강명은 하루키보다 더욱 고강도의 루틴으로 연간 2,200시간을 집필 활동에 쓴다. 1년 365일 중 주말과 공휴일을 제외하고 246일 동안 8시간을 쓰면 1,968시간이고, 여기에 초과 근무 시간을 더해 연 2,200시간을 목표로 매일 글을 쓴다고 한다. 집필을 위한 취재, 강연, 집안일 하는 시간을 제외한 순수 집필 시간이 기준이다.

이들은 왜 이렇게 엄격한 루틴을 고수하는 걸까? 소설가라면 더 자유롭게 다양한 경험을 겪어봐야 하는 것 아닐까? 좋은 이야기를 만들려면 새로운 사람도 만나고, 낯선 공간에도 가봐야 할 것 같은데, 어떻게 서재에 틀어박혀 글만 쓰는 작가들이 온갖 창의적인 이야기를 화수분처럼 쏟아내는지 궁금해졌다.

다양한 경험을 하라는 조언을 여기저기서 들어봤을 것이다. 여기서 말하는 '다양한 경험'이란 수동적인 인풋이 아니라 적극적인 아웃풋을 의미한다. 즉, 체험이 아니라 경험이다. 성수동 팝업 숍을 구경하고 신상 카페에 다니면서 마케팅 트렌드를 따라잡는 것은 체험이다. 물론 이 같은 체험도 필요하다. 하지만 인풋 경험을 했다면 그것을 아웃풋 경험으로 바꿔야 비로소 나만의 영감이 된다. 그저 멋지다는 감탄으로 끝나서는 내 것이 될 수 없다.

영감을 수집하는 목적은 외부 자극으로 내 생각과 행동을 바꾸어 궁극적으로 삶을 변화시키는 것이다. 좋은 것을 본 후 나만의 의미를 부여했다면 일상에 적용해야 비로소 경험이 완성된다. 다양한 경험을 하라는 말은 직접 실행하는 아웃풋 경험을 많이 하라는 뜻이다. 그중에서 가장 좋은 경험은 일을 하는 것이다. 일을 할 때는 원하든 원치 않든 아웃풋이 만들어진다. 자본주의 사회에서 일의 본질은 가치 있는 무언가를 만들어서 돈으로 교환하는 일이기 때문이다. 아웃풋 없이 인풋 경험만 쌓으면 타인의 아웃풋을 어설프게 받아들이기만 하고, 내가 만들어야 할 아웃풋과의 괴리감만 커진다.

두문불출하며 집에서 글을 쓰는 작가들이 창의적인 작품을 쉴 새 없이 쏟아낼 수 있는 비밀은 매일 일정하게 쓰는 시간에 있다.

(물론 책도 읽고 취재와 자료 조사도 하겠지만) 일정한 시간의 글쓰기는 그 자체로 새로운 생각들을 꺼내준다. 우리의 경험과 기억 조각은 뇌에서 섬처럼 동떨어져 있지 않고 그물망처럼 촘촘하게 서로 연결되어 있다. '자동차 키 어디에 뒀더라?' 하고 머릿속을 탐색하는 과정을 생각해보자. 마지막으로 자동차 키를 가지고 있었던 장면을 떠올리고, 자동차에서 내려 집으로 들어와 문을 닫고 그다음에 무슨 행동을 했는지 머릿속으로 천천히 복기한다. '자동차 키 위치'라는 명령어뿐 아니라 그와 연결된 기억 그물망을 전체적으로 탐색하는 것이다.

읽은 사람은 없지만 모두가 알고 있는 소설, 마르셀 프루스트의 《잃어버린 시간을 찾아서》속 유명한 장면도 우리 뇌의 이러한 특성을 잘 보여준다. 주인공은 추운 겨울날, 홍차에 마들렌을 적셔 먹는다. 그 순간 설명할 수 없는 강렬한 행복감을 느끼게 되고 오랫동안 잊고 있었던 어린 시절의 기억이 파도처럼 밀려온다. 일요일 아침마다 이모가 마들렌을 홍차에 적셔 주던 모습이다. 이처럼 특정한 냄새나 맛을 통해 무의식에 있던 기억이 되살아나는 현상을 '프루스트 현상'이라고 말한다. 이렇게 인간의 기억은 감각, 감정, 다른 기억 정보와 뒤섞인 채로 저장되어 있다.

우리가 경험을 통해 영감을 얻으려는 이유는 타인의 말과 글을 그대로 옮기고 싶어서가 아니다. 그건 아무리 잘 다듬어봤자 그들의 아이디어다. 우리에게는 멋진 작품, 공간, 이야기를 매개체로 나만의 생각과 관점을 밖으로 표출하기 위해 영감이 필요하다. 그런데 잠시 생각해보자. 현대사회에서 경제활동을 하는 우리에게 정말 외부의 자극이 부족할까? 이미 넘쳐나는 자극을 멈추고 내면에서 신호를 찾는 게 더 쉽고 효과적이지 않을까?

영감을 찾기 위한 매개체는 꼭 멋지고 화려한 외부 자극일 필요가 없다. 아침의 커피 한잔, 동료와의 맛있는 점심 식사, 붐비는 지하철 승객들의 표정, 퇴근 후 따뜻한 샤워만으로도 이미 가지고 있던 기억과 경험을 되살리고, 창의적으로 연결하고, 나만의 시선으로 해석해서 새로운 의미를 부여할 수 있다.

아이디어를 기록하는 게 아니다. 기록해야 비로소 아이디어가 생긴다. 일단 노트를 열고 무엇이라도 쓰다 보면 그 감각, 경험, 언어는 열쇠가 되어 자물쇠를 풀어준다. 거대한 기억의 그물망 속에서는 다음 신호를 발견할 수 있다. 다시 한번 말하지만, 영감은 기록하는 행위에서 시작된다. 일상의 사소한 경험을 남들과 한 끗 다른 내 시선으로 바라보고 기록할 때 영감은 찾아온다.

✦ 기록에서 영감이 나온다

나는 새로운 프로젝트를 시작하거나 글을 써야 할 때, 가장 먼저 내 기록을 뒤진다. 에버노트, 블로그, 브런치, 구글 킵을 샅샅이 훑어보고, 책을 읽다 남겨둔 코멘트와 밑줄을 긋거나 옮겨둔 문장들, 기사 스크랩, 유튜브 영상에 대한 감상 등을 보다 보면 여러 기록들이 얽히고설켜 새로운 아이디어가 떠오른다.

구글 킵 상단에는 아래와 같은 메모를 고정해두었다.

<글을 쓰다 막힐 때 할 일>
- 비슷한 주제로 이전에 썼던 글을 읽어본다.
- 내 블로그, 브런치, 에버노트를 뒤진다.
- 쓰려는 주제를 키워드로 만들어서 기록을 검색한다.

글을 쓰다가 막힐 때 인터넷에서 검색하거나 AI에게 조언을 구해보기도 했지만, 몇 번의 시행착오 끝에 그보다는 내 기록을 뒤지는 게 더 효과적이라는 사실을 깨달았다. 에버노트에는 10년간 쌓은 노트 1,903개가 들어 있다. 블로그에는 453개의 기록이, 브런치에는 254개의 기록이 있다. 중복된 기록을 감안해도 총 2,610개의 기록을 뒤지다 보면 반드시 번뜩이는 해결책이 떠오른다. 기록은 과거의 내가 미래의 나를 위해 남겨둔 힌트다. 이는 AI보다 더 정확한 데이터베이스다.

《잃어버린 시간을 찾아서》의 주인공이 마들렌을 맛보며 어린 시절의 추억을 길어 올렸듯, 영감은 아무 맥락 없이 외부에서 찾아오는 게 아니라, 내 안에 있던 기억 조각들이 상호작용하면서 새롭게 연결될 때 발현된다. 영감을 얻으려면 새로운 것을 찾으려고 하기보다는 기존에 가지고 있는 것들을 어떻게 조합할지 곰곰이 생각해봐야 한다.

기록을 정리하다 보면 새로운 콘텐츠가 저절로 나오기도 한다. 한번은 원데이 클래스 수강 기록으로 콘텐츠를 만든 적이 있다. 원데이 클래스를 들을 때마다 클래스 이름, 가격, 강사, 교육 업체명을 간단한 표로 만들어 업데이트하곤 했는데, 어느 주말에 평소처럼 원데이 클래스를 듣고 나서 표를 정리하다가 그동안 원데이 클래스로 쓴 돈이 800만 원 가까이 된다는 것을 깨달았다. 이걸 주제로 글을 써보자는 생각이 들어 수강 이력 표와 함께 블로그에 올린 클래스 후기를 다시 읽었다. 그리고 저장해둔 기록들을 재구성해 인스타그램에 게시물을 올렸다.

이처럼 내가 만든 콘텐츠 중 상당수는 그때그때 업데이트해둔 데이터를 정리한 것이다. 나에게는 번뜩이는 영감보다 원데

- 내가 들은 원데이 클래스를
  기록한 노션 표

- 원데이 클래스 기록을 소재로 만든
  인스타그램 콘텐츠

이 클래스를 다녀온 날, 자기 전에 잊지 않고 10분을 할애해서 수강 이력 표를 업데이트하는 것이 더 중요하다. 그날 바로 하면 힘들지 않지만 시간이 지나면 기억도 흐릿해지고 예전 정보를 하나하나 찾는 데 많은 시간과 노력이 든다.

나는 매일 밤 자기 전, 그날의 경험에서 남겨둘 것을 선별해 사진과 텍스트 기록으로 정리하고 짧게 코멘트를 덧붙인다. 이때 반드시 내 언어로 기록하는 것이 가장 중요하다. 아무리 좋은 인사이트라도 내 생각과 엮지 않으면 나중에 기억나지 않고 결국 휘발된다. 기록은 다시 꺼내보고 활용하기 위해 하는 것이다. 먼 훗날 기억이 날아가 검색조차 하지 못한다면, 너무 아쉬운 일 아닐까.

✦ 시스템에서 영감이 나온다

규칙적인 기록을 반복하다 보면 머릿속에서 영감이 알아서 때맞게 찾아온다. 나는 매일, 매주, 매월, 매년을 돌아보며 기록하는 나만의 회고 시스템을 만들어 실행하고 있다. 2년쯤 지나자 회고를 하지 않을 때에도 자동으로 기록할 거리들이 생각났다. 기록할 시간과 주기를 루틴하게 정해두면 그 자체로 시스템이 되어 습관 근육이 붙는다.

하루, 일주일, 한 달을 기록하는 회고 시스템과 이를 통해 나만의 매거진을 만드는 법에 대한 내용은 4장에서 자세히 다룰 예정이다.

기록 시스템을 쉽고 재미있게 습관화하려면 반복적인 활동을 기록해보는 것도 좋다. 주말마다 하는 홈베이킹, 주 2회 요가, 매일 20분 달리기, 아침 라테 한잔처럼 일상에서 반복하는 무언가는 내가 좋아하면서도 중요하게 생각하는 행위라는 의미다. 좋아하는 것, 중요한 것은 누가 시키지 않아두 계속하게 된다. 그런 활동과 기록을 엮어두면 애쓰지 않아도 쉽게 지속하는 리추얼이 된다. 달리기를 마치고 그날의 컨디션과 소감을 짧게 세 줄로 남겨도 좋고, 주말 홈베이킹을 하고 맛과 감상을 한 줄 정도 남겨도 좋다. 주제는 무엇이든 상관없다. 하나의 주제를 같은 형태로 기록하다 보면 그 자체로 콘텐츠가 되고 영감이 될 뿐 아니라 나를 이해하는 데이터베이스도 된다. 내가 원데이 클래스를 듣고 세부 사항을 기록한 것처럼 말이다.

요즘에는 다양한 주제의 기록을 도와주는 편리한 앱도 많다. 무다(MOODA), 하루콩과 같은 일기 앱에서는 귀여운 감정 스티커로 매일의 기분을 표현하고 이를 한 달 단위로 모아 볼 수 있다. 며칠만 지나도 내 감정 패턴을 알 수 있는 데다가 스티커가 귀여워서 다시 보는 맛이 있다. 런데이, 나이키런처럼 달리기 습관 형성을 도와주는 러닝 앱도 여럿 있고 가계부, 독서, 음성 기록 정리 등 찾아보면 거의 모든 키워드에 해당하는 기록 앱이 있다.

꼭 주제별 앱을 따로 설치하지 않아도 좋다. 기존에 사용하는 SNS에 비공개 계정, 비공개 폴더를 만들어서 활용하는 방법도 있다. 책《기록하기로 했습니다》를 쓴 김신지 작가는 인스타그램 비공개 계정에 매일 작은 행복 조각을 찾아 '#1일1줍'을 기록한다. 행복을 찾는다고 하면 거창해 보이지만 행복의 작은 조각인 'ㅎ' 정도는 언제든 찾을 수 있지 않느냐는 그의 제안이 경쾌하고 재미있다. 'ㅎ'을 발견한 순간, 사진을 찍고 한 줄 소감을 기록하면 끝이다. 그가 기록한 'ㅎ'이란 나무가 우거진 출근길, 낮에 먹는 맥주, 강아지를 만나는 순간 등이다.

나만의 기록 시스템이라고 해서 꼭 열심히 공들여 만들 필요도 없다. 중요한 건 완벽한 시스템이 아니라 그 시스템의 활용 빈도다. 애써 계정을 만들어놓고 한두 번 올리다 그만두거나 다른 주제에 호기심이 생겨서 새로운 계정을 계속해서 만들기만 하면 그 기록은 거기서 멈추고 만다. 꾸준히 반복해서 남길 수 있는 주제와 시스템인지 먼저 생각해야 한다.

그렇다고 한번 정한 규칙을 절대 바꿀 수 없다는 뜻은 아니다. 기록을 인스타그램에 올리다가 블로그로 옮겨도 좋다. 아침에 올리다가 밤으로 시간을 바꾸어도 괜찮다. 열 줄 기록을 목표로 했다가 세 줄 기록으로 줄여도 상관없다. 앞서 어마어마한 작업 루틴으로 우리를 놀라게 했던 장강명 작가 역시 최근 한 인터뷰에서 매일 꾸준히 소설을 쓰는 것은 지키고 있지만, 이전처럼 연간 2,200시간을 목표로 하는 강박적인 업무 시간 체크는 그만두었다고 말했다. 중요한 것은 한 주제에 대한 기록을 꾸준하게 쌓는 것이다. 그 사이클 안에서 기록이 상호작용하면 번뜩이는 아이디어가 떠오를 수밖에 없다.

이를 도와줄 아주 강력한 시스템이 있는데, 바로 환경 설정이다. 공부를 열심히 하기 위해서는 계획을 치밀하게 세우는 것보다 열심히 공부하는 친구를 사귀는 일이 더 좋은 방법인 것처럼, 기록에 최적화된 환경은 기록을 공개하고 피드백을 받는 환경이다. 기록했으면 그다음으로는 타인에게 공개해 평가를 받아야 더 끈기 있게 지속할 수 있다. 물론 간간이 악플이 달리거나 타인이 제멋대로 나를 오해하기도 하지만, 그보다 더 많은 기회가 찾아와서 나를 성장시킨다. 그 성장 경험은 유튜브를 볼 때보다 강렬한 도파민을 선물한다. 한번 맛보면 멈출 수가 없으므로 기록을 지속할 수밖에 없다.

지금부터는 부끄러움을 무릅쓰고 거침없이 자신의 기록을 세상에 보여주면서 스스로를 성장시킨 기록 장인들을 살펴보자. 이들은 어떻게 용감하게 자신의 기록을 세상에 보여주고 기회를 끌어당겼을까.

기록 장인의 비밀 ❹
있는 그대로 쓰고 보여준다

✦ 흑역사도 역사다

마케터 이승희는 배달의민족(배민), 네이버를 거치며 '일을 놀이처럼 사랑하는 마케터'라는 자신만의 확실한 브랜드를 구축했다. 《기록의 쓸모》, 《별게 다 영감》, 《일놀놀일》 등 일과 일상 기록을 책으로 펴내기도 했다. 세바시 강연에서는 자신이 성장할 수 있었던 이유로 사소한 이야기를 자주 꺼냈기 때문이라고 말했는데, SNS에 무슨 이야기든 눈치 보지 않고 거침없이 꺼낸 덕분에 그 기록이 기회가 되어 자신을 성장시켰다는 것이다.

이승희의 첫 직장은 대전의 작은 치과였다. 치과에서 코디네이터로 일하던 때에 배민이 막 서비스를 시작했다. 퇴근하고 자취 집에서 음식을 시켜 먹으면서 배민에 푹 빠진 이승희는 누가

시키지도 않았는데 매일 배민에 관한 포스트를 블로그에 올렸다. 배민의 새로운 서비스 소식, 배민이 개최하는 이벤트, 배민 홍보 글까지. 그 당시 네이버에서 '배달의민족'을 검색하면 이승희 블로그만 나올 정도였다. 그러다가 배민이 블로그 운영 담당자를 채용할 무렵 마케팅 팀장이 "이승희부터 만나보자"라며 먼저 연락했다고 한다.

이후 이승희는 배민부터 네이버까지 잘나가는 마케터들이 간다는 회사들을 두루 거치며 마케터로서 성장했다. 그러던 어느 날 대학생 독자가 이승희에게 "블로그에서 옛날 글들은 지우셔야 할 것 같아요"라며 걱정 어린 쪽지를 보냈다. 놀라서 예전 게시물을 다시 보니 "안냐세여"로 시작하는 흑역사 같은 글이 많았다. 하지만 그는 이전 게시물을 지우지 않기로 했다. 부끄러운 과거 덕분에 점점 나은 내일을 맞이했기 때문이다. 누구나 시작은 엉성하고 이상하지만 그 어설픈 기록을 일단 시작해야 다음으로 넘어갈 수 있다. 그리고 그는 이렇게 덧붙였다. '흑역사도 역사'라고.

나 역시 잘나가는 인플루언서들이 과거의 흑역사를 제발 지우지 않기를 바란다. 그 흑역사는 나에게 희망이자 용기가 되어주기 때문이다. 지금은 부끄럽고 자신 없지만 누구나 처음은 똑같으니까 겁먹을 필요가 없다고 다독여주는 것 같다.

흑역사의 기록을 지우지 않고 남겨두겠다는 용감한 브랜드가 또 있다. 일하는 사람들을 향해 거침없는 메시지를 전하는 브랜딩 그룹 모베러웍스다. '스몰 워크, 빅 머니(Small Work, Big Money: 적게 일하고 많이 버세요)', '애즈 슬로 애즈 파서블(As Slow As Possible, ASAP: 가능한 느리게)'과 같은 구호를 외치며 개성 있는 정체성을 위트 있게 보여주는 모베러웍스는 기록에 진심인 브랜드다. 브랜드 성장 과정을 기록한 책《프리워커스》에서 모베러웍스는 어떤 사람은 부족한 과거를 숨기지만 자신들은 아니라고 생각하면 말을 바꾸는 것을 선택하겠다고 말한다. 민망함은 순간이고, 과거의 기록 덕분에 현재를 있는 그대로 받아들일 수 있게 된다며 흑역사 같은 기록이라도 남겨둔다는 것이다.

이 책을 쓰면서 모베러웍스의 유튜브 채널 MoTV에서 '무비랜드' 극장 제작 과정을 담은 영상을 봤다. 여기에는 2022년부터 2년 동안 우당탕탕 좌충우돌했던 과정이 고스란히 담겨 있었다. 땅값 비싼 성수동에 극장을 만든다는 도전적인 계획부터, 디자인 회의에서 고민하는 직원들의 모습, 적자가 날지도 모른다는 대표의 솔직한 고백까지, 이런 날것의 기록이 시청자의 마음을 사로잡았다.

영상 댓글에는 "같이 회의에 참여하는 기분이에요", "이 여정을 함께하고 싶어요"와 같은 응원이 이어졌다. 물론 "대표가 그렇게 불안해해서 되겠냐", "그냥 돈 되는 거나 하라"는 냉소적인 반응도 있었다. 하지만 이 모든 반응을 있는 그대로 수용하는 것, 부끄러운 흑역사도 당당히 기록하는 것, 이것이 모베러웍스가 사랑받는 비결 아닐까.

✦ 관종이 뭐 어때서

작가들의 인터뷰를 즐겨 본다. 그들의 솔직하고 용감한 글의 원천이 궁금해서다. 읽다 보면 공통적인 답이 발견되는데, 조금 거칠게 말하자면 '관종이라서' 그렇다. 강원국 작가는 《강원국의 글쓰기》에서 글 쓰는 사람은 태생이 관종이며, 자신은 독자에게 보여주기 위해 글을 쓴다고 말하기도 했다. 이런 마음으로 글을 쓰면 좋은 점이 두 가지 있다. 하나는 자연스럽게 읽는 사람 입장에서 글을 쓰니 팔리는 글이 되고, 두 번째는 글이 잘 팔리니 원하던 관심을 받게 된다는 것이다.

간혹 글은 쓰지만 관심과 인정은 원하지 않는다고 말하는 사람도 있다. 그들은 블로그에 일상 기록을 올리면서도 온전히 자신만을 위해 쓴 글이므로 아무도 안 봐도 괜찮다고 말한다. 솔직해져보자. 글을 공개된 곳에 올리면서 아무도 읽지 않기를 바라는 사람이 정말 있을까? 철저하게 내 입장에서만 쓴 글이라고 하더라도 그것을 보여주는 마음 한구석에는 이런 모습까지도 공감해주는 사람이 한 명이라도 있기를 바라는 심리가 있다.

인간에게는 누구나 자기 이야기를 풀어내고 싶은 본능이 있기 때문이다. 하버드대학교의 신경과학자 제이슨 미첼과 다이애나 타미르가 수행한 연구를 보면 인간이 자기 이야기를 하는 행위, 즉 자기 공개(self-disclosure)를 할 때 활성화되는 뇌 부위는 돈과 음식을 얻었을 때 활성화되는 위치와 동일하다. 쉽게 말하면, 주말에 무엇을 했는지 이야기하는 것이 티라미수 케이크를 맛있게 한입 베어 먹는 것만큼 기분을 좋게 한다는 뜻이다. 물론 회의 시간에 상사에게 그 질문을 들었다면 전혀 다르겠지만 말이다. 그래서 요즘 직장인들이 퇴근 후에 커뮤니티 활동을 하는 것 아닐까.

오프라인 모임 플랫폼에서 모임장으로 활동한 적이 있다. 본격적인 모임 전에 리더로서의 노하우를 배우기 위해 다른 모임에 참석했을 때, 한 멤버가 이전에 참여했던 영화 모임에서 모임장이 세 시간 내내 영화 해설, 이론, 개념 등 자기 이야기만 늘어놓아 불만족스러웠다고 말했다. 모임장의 역할은 자신보다 멤버들이 즐겁게 이야기를 나누는 분위기를 조성해주는 거라며 돈이 아까웠다는 말도 덧붙였다.

모임장의 입장에서는 야속하게 들렸지만 맞는 말이었다. 커뮤니티에서 자기 공개의 욕구를 충만하게 표출하고 싶어서 돈과 시간을 투자했는데, 그걸 막는 모임장이라면? 최악이라는 평가를 들을 만도 하다.

누구나 자기 이야기를 하고 싶어 한다. SNS 포스팅, 퍼스널 브랜딩도 알고 보면 대단한 동기로 시작하는 게 아니다. 많은 사람에게 내 이야기를 하고, 나로서 인정받고 싶다는 마음에서 비롯된다. 이런 마음은 돈을 많이 벌고 싶고, 맛있는 음식을 먹고 싶은 것만큼이나 당연하고 자연스럽다. 굳이 나를 드러내고 인정받고 싶은 마음을 숨기며 살 필요가 있을까. 스스로를 당당히 드러내도 괜찮다. 아니, 그래야만 한다.

✦ AI 시대의 생존법, 내 생각

한 달에 3만 원을 내고 대화형 AI 서비스인 클로드를 구독하고 있다. 일을 하면서도 글을 쓰면서도 수시로 클로드에게 질문을 던진다. 심지어 요즘에는 "네 생각은 어때?"라고 묻기도 한다. 그럼 클로드는 꽤 그럴싸한 답변을 내놓는다. 생각이라기보다는 여러 정보를 종합한 검색 결과에 불과하겠지만 말이다. AI는 인간의 생각 처리 과정을 모방하고, 인간의 생각은 AI처럼 기존 경험과 정보를 재구성하는 과정에서 도출된다. 그렇다면 인간의 생각과 AI 검색 결과의 차이점은 뭘까? 바로 '감정'과 '주관적 해석'이다. 이것이 어떤 경험 후에 무엇을 배우고 느꼈는지를 기록해야 하는 이유이며, AI 시대에 나를 나답게 만드는 유일한 방법이다.

생각과 감정을 표현했을 때 듣는 사람은 그게 좋다거나 싫다고 답할 수는 있지만, 맞다거나 틀리다고 답할 수는 없다. 감정과 해석은 오롯이 개인의 몫이기 때문이다. 그래서 오히려 생각을 이야기하는 것이 더 어렵다. 정답이 없는 문제에서는 사람들의 반응을 예측할 수 없기 때문이다. 그러나 걱정하는 만큼 타인이 나의 생각을 오해하는 일은 많지 않다. 우리 모두 알고 보면 남 이야기를 잠자코 듣지 못하고, 남의 말을 듣는 와중에도 내 생각을 하는 존재들이니까.

일본의 사회학자 기시 마사히코는 《단편적인 것들의 사회학》에서 완전히 개인적인 것, 나만의 '좋은 것'은 누구도 상처 입힐 수 없다고 말한다. 개인적으로 좋아하는 것에는 그것을 말하는 '나' 외의 다른 존재가 없으므로 아무도 배제하지 않으며, 그러므로 우리는 좋아하는 것에 대해서 '나는'이라는 주어로 시작해야 한다는 것이다. 인간에게는 타인에게 영향을 미치고 싶은 본능이 있다. 그래서 확실하게 검증된 이야기로 상대를 설득하고 싶어 한다. 마사히코의 말처럼 완전히 개인적인 것, 나만의 좋은 것은 누구에게도 상처를 주지 않고 아무도 배제하지 않지만, 그래서 확실한 설득도 어렵다.

따라서 내 생각을 말하면서 위축될 필요도 없고, 우쭐할 필요도 없다. 그건 말 그대로 '생각'일 뿐이다. 그리고 바로 그 '생각일 뿐인 생각'이 AI 시대에 우리를 대체 불가능한 존재로 만들어준다. 데이터로 시대를 예측하는 마인드 마이너 송길영 작가의 말처럼 AI가 노동 시간을 줄여주면 인간은 그 시간을 무언가로 메워야 한다. 그 무언가란 기계에게도 타인에게도 대체되지 않을 나만의 이야기, 내 관점, 내 생각이어야 한다.

✦ 세상의 반이 나를 미워한다면, 잘하고 있는 것

밑미에서 3년 넘게 리추얼 커뮤니티를 운영하면서, 그 어떤 노력으로도 모두를 만족시킬 수는 없다는 것을 깨달았다. 사람마다 기대는 상충되기 마련이다. 어떤 메이트는 공부 리추얼에서 다른 사람들이 하는 공부를 관찰하는 재미가 있다고 말하는 반면, 어떤 메이트는 서로 공부 주제가 달라 아쉽다고 말하기도 한다. 내가 리추얼을 이끌면서 가장 노력한 것은 '다정한 댓글 달기'인데, 여기에서도 의견이 엇갈렸다. 1년 넘게 내 리추얼을 한 달도 쉬지 않고 참여해주는 메이트는 댓글 때문에 모임을 지속한다고 말하곤 한다. 반면 그 분위기를 부담스럽게 느끼는 메이트도 있었다.

처음에는 모두를 만족시키고 싶은 욕심에 정성 가득한 댓글을 달자고 독려했다가 힘들면 안 달아도 된다고 말을 바꾸기도 했다. 손바닥 하나를 넘길 만큼 긴 댓글에 마음을 꾹꾹 눌러 담았디기 혹 누군가 부담스러울까 싶어 재빨리 한 줄로 줄이기도 했다. 나부터도 우왕좌왕한 것이다.

그러다 어느 순간 깨달았다. 어떻게 해도 떠날 사람은 떠나게 되어 있고 남을 사람은 남게 되어 있다. 하루키조차 어떤 이야기를 어떻게 쓰든 결국 어디선가 나쁜 말을 듣는다고 말하지 않았던가. 어차피 나쁜 말을 들을 거라면 아무튼 내가 쓰고 싶은 것을 그대로 쓰자며 특유의 시원한 어투로 마무리하는 그의 글을 읽으며 피식 웃음이 났다.

물론 하루키가 이런 상황도 농담으로 웃어넘길 수 있는 이유는 30년 넘는 작가 생활을 단단하게 지지해준 독자들 덕분이다. 그의 열렬한 독자들은 책이 길면 길수록 환호한다. 그의 글을 조금이라도 더 읽을 수 있어서다. 이런 팬들이지만 책에 대한 평가는 하루키만큼이나 시원하다. 어떤 독자는 하루키에게 "이번 책은 마음에 들지 않았지만 다음 책도 꼭 살 테니 열심히 해달라"는 내용의 응원인지 협박인지 모를 애정 어린 편지를 보내기도 했다고 한다.

세상에는 이런 사람이 꽤 많다. 나의 어떤 '면'에는 동의하지 않지만, 그럼에도 나를 응원해주는 사람들이 분명히 있다. 그들의 믿음을 의심하지 않는다면 상대도 한두 번의 단편적인 감상만으로 나를 비난하거나 떠나지 않는다. 이것이 3년 넘게 리추얼 커뮤니티를 운영하면서 몸으로 깨달은 것이다. 가끔 내 리추얼이 안 맞아서 아쉬웠다는 피드백을 받기도 하지만, 그럼에도 나의 커뮤니티가 오랫동안 유지되고 있다는 것 자체가 중요한 메시지다. 내 리추얼이 부담스럽다며 떠났다가 한참 지나고 다시 돌아온 메이트도 여럿 있었다.

세상의 반이 나를 미워한다면 이건 빨간불이 아니라 초록불이다. 세상이라는 알고리즘이 나를 노출해주어, 나를 잘 모르는 사람에게까지 내 이야기가 퍼지고 있다는 뜻이다.

유튜브에 처음 악플 비슷한 댓글이 달렸을 때, 안도의 한숨을 내쉬었다. 악플이 마치 성장의 신호탄처럼 느껴졌다. 그전까지 내가 운영했던 인스타그램과 블로그, 브런치는 나를 먼저 알고 내 생각에 어느 정도 동의하는 사람들이 팔로우했기 때문에 눈에 띄는 악플이 달린 적이 없었다. 그러나 유튜브에서는 알고리즘 덕분에 나를 모르는 사람들에게도 콘텐츠가 노출된다. 나를 잘 모른 채로 내 콘텐츠 하나만 보고 별로라고 말할 수도 있다.

악플조차 달리지 않았다면 오히려 슬펐을 것이다. 그것은 성장 가능성이 없다는 말과 같다. 악플을 달 거리도 없는 무색무취의 채널이라는 반증일 테니까. 실제로 악플이 달린 그 영상은 알고리즘을 탔고, 지금까지 올린 영상 중 가장 많은 조회 수를 기록했다. 구독자 수도 그 영상을 기점으로 크게 늘었다. 성장의 초록불이 마침내 켜진 것이다.

지금까지 자신의 분야에서 브랜드로 우뚝 선 기록 장인들의 기록 노하우와 나의 성장 과정을 소개했다. 다음 장부터는 직접 실천할 차례다. 이 책을 읽는 사람이라면 분명 기록을 통한 성장에 진심일 것이다. 그 진심을 잊지 않는다면 우리는 파도가 휘몰아치는 망망대해에서도 길을 잃지 않고 희망찬 도전을 이어갈 수 있다. 스스로에게 힘찬 응원을 보내며 계속해서 나아가 보자.

무엇을 쓸지 고민이라면,
일상 기록법 세 가지

3개월 동안 꾸준히 기록할 나만의 구체적인 기록 주제는 뭘까? 이렇게 소소한 것도 괜찮을까? 고민을 덜어줄 일상 기록법 세 가지를 소개한다. 소소한 기록도 쌓이다 보면 어느새 나만의 자산이 되어 있을 것이다.

1. 취미 일기

매일 조금씩 좋아하는 것을 기록하다 보면 취미로 시작한 분야에서도 전문성을 기를 수 있다. 나는 차(tea) 마시기를 취미로 즐기다가 티 소믈리에, 티블렌딩 과정을 수료하고 티 워크숍을 열기도 했다.

차 일기(tea journal)도 매일 쓰고 있다. 연간 다이어리의 먼슬리에는 그날 마신 차의 브랜드와 제품명을, 데일리에는 차 시음 기록을 적는다. 왼쪽 페이지에는 차 패키지를 오려 붙이고, 오른쪽 페이지에는 차 재료, 맛과 향, 곁들이기 좋은 디저트를 적는다.

보통의 기록은 관리하기 쉬운 디지털 방식을 선호하지만, 취미 기록은 아날로그 방식을 쓴다. 손으로 기록하면 감각을 자극해서 취미 생

• 좋아하는 분야에서 전문가가 될 수 있는 취미 일기

활을 더 다채롭게 누릴 수 있고, 손에 잡히고 눈에 보이는 결과물이 뿌듯해서 꾸준히 기록하게 된다.

2. 독서 노트

독서를 좋아하는 사람들에게는 읽은 책의 내용을 잊어버리지 않고 기록하는 방법이 늘 고민거리다. 필사, 독후감, 문장 수집을 거쳐 마침내 정착한 방법은 마인드맵으로, 장점은 두 가지다. 많이 기록할 필요가 없고, 기록과 동시에 내용이 정리된 채로 머리에 저장된다.

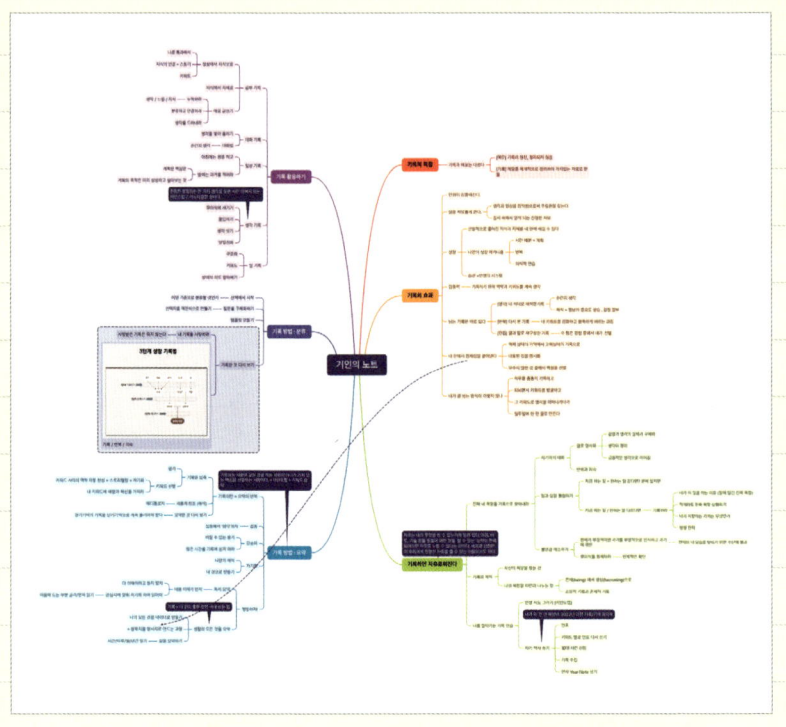

• 엑스마인드에 기록한 마인드맵 독서 노트

    나만의 목차를 재구성한다는 느낌으로 마인드맵을 그리다 보면, 핵심 메시지와 논리 구조가 절로 파악된다. 소설이나 가벼운 에세이를 읽을 때는 느낀 점과 적용할 만한 점 위주로 마인드맵을 그린다.
    어디서든 열어보기 쉽도록 디지털 마인드맵에 기록한다. 내가 사용하는 툴인 엑스마인드를 비롯해 이드로우, 마인드 마이스터, 미로, 루시드 차트 등 다양하다.

3. 한 줄 배움 수집

유튜브나 온라인 강의를 듣고 나면 유익한 지식을 얻었다는 뿌듯함과 동시에 잘 기록해야 한다는 부담감을 느낀다. 한때는 노션 템플릿을 쓰다가 한 줄 기록으로 방법을 바꾸었다. 기억에 남았던 말, 새롭게 알게 된 것, 지금 당장 실천할 것 중에서 하나만 적는 것이다.

목표를 축소하니까 꾸준히 하게 되고, 무엇보다 한 줄 쓰기가 트리거가 되어 두세 줄을 더 쓰게 된다. 별도의 노트에 기록할 필요 없이 구글 킵에 간단히 기록한다. 그중에서 공유하고 싶은 기록은 인스타그램에 올리고 나머지는 에버노트에 저장한다.

• 에버노트에 저장한 한 줄 배움 수집

2장

하루 10분으로
나라는 기록을 쌓는 법

저절로 쌓이는
5단계 기록 습관

✦ **어려운 걸 쉽게 해내는 루틴의 힘**

　낮에는 업무 강도가 센 IT 플랫폼 회사에 다니고 밤에는 리추얼 모임을 운영하며, 공부하고 책을 쓰고 브런치, 블로그, 인스타그램에 글을 남기는 나를 보면서 지인들은 도대체 시간 관리를 어떻게 하느냐고 묻는다. 콘텐츠 잘 만드는 법보다 어떻게 글을 쓸 시간을 내는지를 가장 궁금해하다니.
　글쓰기라는 게 단시간에 할 수 없는 일이기 때문일 것이다. 글을 쓰는 데는 한두 시간이면 충분하지만, 사전 단계인 글감 수집과 구조 설계에는 꽤 많은 시간이 필요하다. 어딘가에서 영감을 받고, 그 씨앗을 발전시켜서 글감으로 만들고, 자연스럽게 이어지는 글의 구조를 짜는 이 기초 작업이 전체 글쓰기의 90퍼센트다. 이 작업을 끝내야 비로소 긴 글 한 편의 설계도가 완성되고, 이를 바탕으로 글쓰기가 시작된다.

무엇이든 어려운 일을 쉽게 하고 싶다면 자동화와 시스템을 활용해야 한다. 많은 시간과 에너지가 할애되는 기초 작업을 자동화하는 것이 회사와 사이드 프로젝트, 집안일이라는 여러 블록을 저글링하듯 돌리면서 꾸준히 글을 쓸 수 있었던 나만의 비법이다. 이 장에서 소개할 '저절로 기록이 되는 5단계 기록법'은 누구나 쉽게 기록을 쌓을 수 있는 기록 자동화 시스템이다.

많은 사람이 글쓰기는 마음을 다잡고 책상에 앉아서 엉덩이로 쓰는 것이라고 생각한다. 하루키나 장강명 작가처럼 엄격한 루틴에 따라 정해진 분량을 써야 할 것 같은 압박감마저 든다. 다행히 우리의 꿈은 최고의 소설가가 되는 것이 아니라, 일과 삶을 기록하고 콘텐츠를 차곡차곡 쌓아서 그것을 포트폴리오 삼아 나를 브랜딩하는 것이다. 우리에게는 기록 외에도 회사 업무, 육아, 인간관계, 운동, 집안일 등 할 일이 너무 많다. 안 그래도 없는 시간을 쪼개 기록할 시간을 확보한답시고 100미터 달리기처럼 전력 질주하다 보면 금방 지쳐서 나가떨어지기 쉽다.

우리에게는 더 쉽고 가벼운 루틴이 필요하다. 가장 추천하는 시스템은 '하루 10분 기록 습관'이다. 하루 10분 정도라면 누구나 시도해볼 수 있다. 정신없이 바쁜 일상에 새로운 루틴 딱 두 개만 슬쩍 추가하면 된다. '순간을 놓치지 않고 메모하기'와 '메모를 기록으로 정리하기'이다.

몇 년 전, 회사 일이 바빠 글을 못 쓴다는 아쉬움에 연차를 냈다. 3일간 방에 틀어박혀서 아침부터 저녁까지 글만 쓰는 게 목표였다. 그러나 반나절도 지나지 않아 계획을 수정했다. 세 시간이 넘어가자 더 이상 아무 생각이 나지 않았고 집중하기도 어려웠다. 시간만 생기면 머릿속에 둥둥 떠다니던 생각을 글로 술술 풀어낼 수 있을 줄 알았는데 정리되지 않은 생각은 글로도 잘 나오지 않았다. 쓰고 싶다는 생각만 앞섰던 것이다.

기록은 생각을 정리해서 보기 좋게 시각화하는 작업이다. 따라서 인풋과 아웃풋이 적절하게 균형을 이룰 때 정리하기가 쉽다. 기록을 정리할 여유 없이 일과 삶의 자극만 받아들이는 인풋 100퍼센트 상태에서는 기록하지 않으니 남는 게 없고, 반대로 감정과 문제를 쏟아내기만 하는 아웃풋 100퍼센트 상태에서는 좋은 결과물이 나오지 않으니 역시 남는 게 없다.

인풋 한 겹 위에 아웃풋 한 겹을 차례로 얹어가며 경험을 자신만의 시선으로 풀어내는 것이 좋은 기록이다. 기록에만 집중할 덩어리 시간이 없어도 괜찮다. 아니, 오히려 좋은 기록을 쌓기 위해서는 일도 하고, 사람들과 부대끼면서 경험이라는 인풋을 반드시 만들어야 한다. 우리의 기록은 바로 그 경험과 경험

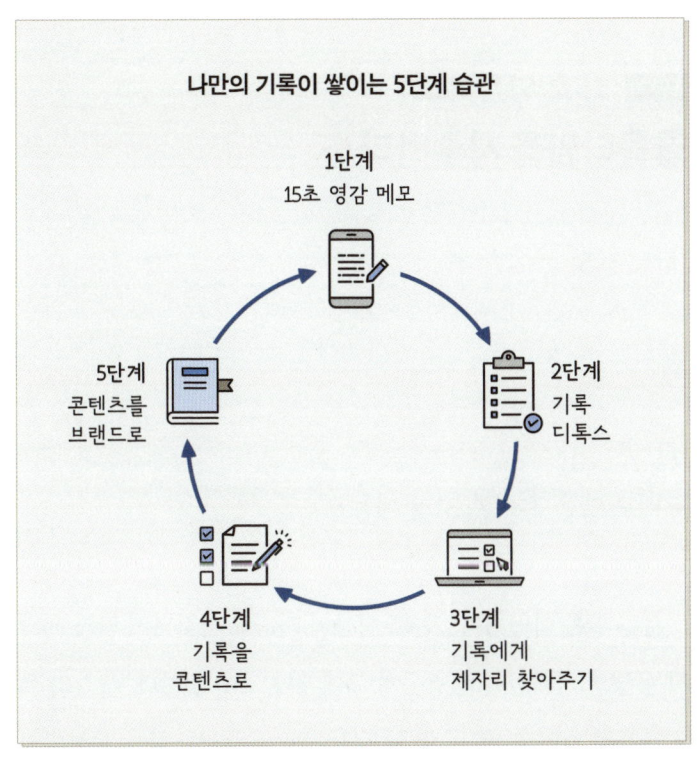

사이 잠깐, 딱 10분이면 된다. 핵심은 그 잠깐을 꾸준히 반복하는 것이다. 한때 티끌 모아도 티끌이라는 밈이 유행했지만, 나는 여전히 티끌을 꾸준히 모으면 태산이 된다고 믿는다.

자, 그럼 이제 우리의 10분이 태산처럼 쌓일 때까지 우리를 성장시켜줄 5단계 기록법을 단계별로 하나씩 살펴보자.

`1단계` 15초 영감 메모:
골든타임을 사수하라

✦ 메모 앱을 휴대폰 고정 메뉴로

 분명 좋은 아이디어였는데 시간이 지나고 생각나지 않아 써먹지 못했던 안타까운 경험은 누구에게나 있을 것이다. 생각의 유효기간은 의외로 짧다. 찰나의 생각을 기억할 수 있는 골든타임은 단 15초다. 15초가 지나면 분명 내가 한 생각인데 흔적도 없이 머릿속에서 사라져버린다. 연구에 따르면 인간은 하루에 5~7만 가지 생각을 한다고 한다. 이 중에는 분명 콘텐츠로 만들 법한 번뜩이는 소재도 있었을 텐데 적어두지 않으면 기억은 휘발된다.

 아이디어가 떠오르는 순간, 나는 재빨리 휴대폰 앱을 켜서 키워드 형태로 메모를 남긴다. 여기에서는 휴대폰 첫 화면에 메모

• 휴대폰 첫 화면에 메모 앱을 고정하고 그때그때 떠오르는 생각을 적는다

앱을 고정해두는 것이 포인트다. SNS나 쇼핑 앱 알림이 와 있어도 이를 무시하고 메뉴 바에 고정된 메모 앱을 누른다. 의외로 여기까지 도달하는 데 진입 장벽이 높다. 푸시 메시지의 현란한 카피에 혹해서 광고를 눌렀다가 아이디어를 까먹은 적이 한두

번이 아니다. 그래서 종이 수첩과 펜을 이용해보기도 했지만 잊어버리고 안 챙겼을 때 메모를 놓치는 게 아까웠다. 하지만 휴대폰은 화장실에도 들고 가는 애착 도구 아닌가. 메모 앱을 휴대폰 첫 화면에 고정하기, 휴대폰 푸시 메시지 무시하기, 이 두 방법이 가장 효과가 좋았다.

✦ 메모 앱 고르는 기준: 호환성, 독립성

다양한 메모 앱이 있는 만큼 자신에게 맞는 앱을 자유롭게 선택하되 호환성과 독립성은 고려해야 한다. 메모는 정제되지 않은 임시 기록이며, 메모 앱은 임시 저장소이기 때문이다.

먼저 메모 앱은 여러 기기에서 실시간으로 호환되어야 한다. 휴대폰, PC, 태블릿을 포함해 사용하는 모든 기기에서 바로 확인할 수 있어야 틈틈이 뒤죽박죽 상태의 메모를 정리할 수 있다. 또한 메모 앱은 메인 기록 도구와는 분리된 툴로써 독립성을 띠어야 한다. 나는 메모 앱에 임시 기록만 보관하고, 이 메모들을 주기적으로 정리하면서 쓸 만한 것만 에버노트나 노션과 같은 메인 기록 도구로 옮긴다. 메모 앱의 메모는 매일 밤 루틴으로 정리한다. 쌓여 있는 메모를 바로 정리하기 위해 독립된 임시 저장소를 사용하는 것이다.

　메모 앱은 장소와 시간의 제약이 있을 때, 일단 고민 없이 빠르게 저장해두는 곳이다. 그래서 며칠만 지나도 알아보기 어려운 키워드 형태의 반쪽짜리 기록인 경우가 많다. 이런 메모가 많이 쌓이면 필요할 때 써먹을 수가 없다. 메모를 주기적으로 정리해야 좋은 기록 씨앗을 모을 수 있다.

　그렇다면 어떤 메모 앱이 좋을까? 호환성과 독립성을 제공하는 툴이라면 무엇이든 좋다. 나는 주로 구글 킵을 활용한다. 구글 킵의 장점은 애플, 삼성, LG 등 여러 회사의 기기를 오가며 사용하기 편하다는 점과, 메모별로 색과 라벨을 지정할 수 있디는 점이다. 메모 유형별로 색을 다르게 지정해두면, 한눈에 메모를 파악하기 쉽고 정리하기도 훨씬 수월하다.

✦ 잠결에 떠오르는 생각을 놓치지 말라

　몰입의 대가 서울대 황농문 교수는 뇌파가 세타파 상태일 때, 즉 졸거나 잠들기 직전의 상태일 때 아이디어가 가장 잘 나온다고 말했다. 온몸이 이완되고 장기 기억이 활성화되면서 낮 시간의 각성 상태에서는 떠오르지 않던 아이디어가 생각나고, 풀리지 않던 문제의 실마리가 떠오른다는 것이다.

 나는 잠들기 직전에 이런 경험을 자주 한다. 잠자리에 누웠을 때 갑자기 쓰고 있던 글에 대한 아이디어나 진행 중인 프로젝트에 대한 해결책이 떠오르는 것이다. 편안하게 이완된 상태에서 뇌가 방대한 정보를 탐색하며 비로소 머리를 쓰기 때문이다. 이 세타파 상태에서 얻은 영감으로 쓴 글이 꽤 많아서 늘 머리맡에 휴대폰을 두고 잔다. 자려고 누웠다가 아이디어가 떠오르면 곧바로 앱에 메모를 남긴다. 자판을 두드리기 귀찮을 때에는 음성 인식 기능을 활용하기도 한다. 다음 날 확인해보면 잠결에 타이핑을 하는 것보다 음성 메모가 더 정확할 때가 많다.

 이렇게 메모 습관을 들이면 좋은 점이 또 있다. 잠결에 휴대폰을 열 때는 무조건 메모 앱을 켠다는 생각 패턴이 자리 잡아 습관적으로 SNS를 보는 안 좋은 버릇도 고쳐진다는 것이다. 나는 시간이 조금 남으면 SNS를 보지 않고 메모 앱을 열어서 오늘 수집한 메모와 정리해야 할 아이디어를 수시로 확인한다.

✦ 영감이 제 발로 찾아오는 15초 메모

 15초 메모를 습관화하면 좋은 점 또 하나는 뇌가 알아서 메모할 거리를 찾아다닌다는 것이다. 5단계 기록 시스템을 소개하면 영감은 어떻게 길어 올리냐는 질문을 자주 받는다. 그러나 나는 영감이 떠올라서 메모하는 게 아니다. 메모하는 습관 덕분에 제 발로 찾아온 영감을 모았을 뿐이다.

영감이 제 발로 찾아오는 경험은 누구나 한 번쯤 해본 적이 있다. 여행을 준비하고 있다고 상상해보자. 여행지의 맛집과 카페를 검색하는 시기에는 길거리에서 보는 광고, 책에서 만나는 문장, 친구들과의 대화에서 그 여행지에 관한 정보가 눈과 귀에 쏙쏙 들어온다. 이처럼 나에게 의미 있는 정보에 무의식적으로 주의를 기울이는 것을 '칵테일 파티 효과'라고 한다.

영감도 비슷하다. 영감을 찾겠다고 마음먹고, 영감을 만날 때마다 메모하는 습관을 들이면 우리 뇌는 영감 찾기 모드로 전환된다. 의식하지 않아도 요즘 자주 생각하는 주제, 고민하는 문제와 관련된 정보들을 찾아다니게 되고 그렇게 흡수하는 정보가 많아지면 그중 괜찮은 정보도 자연스럽게 늘어난다. 15초 메모 습관은 좋은 영감을 길어 올릴 확률을 높여준다.

그렇다면 이렇게 매일 조금씩 메모 앱에 모아둔 영감은 어떻게 기록과 콘텐츠가 될까? 그 과정을 차례로 하나씩 살펴보자.

2단계 기록 디톡스: 설레지 않으면 지워라

✦ 기록도 디톡스하세요

메모를 정리하는 속도보다 쌓는 속도가 더 빠르다면, 며칠 만에 구글 킵이 빽빽해진다면, 2단계 기록 디톡스를 집중해서 읽어보자. 2단계에서는 쌓을수록 흩어지기만 하는 메모를 언제든지 쉽게 꺼내 쓸 수 있는 기록으로 변환해서 체계적으로 관리하는 방법을 소개한다. 그러려면 가장 먼저 해야 하는 일이 필요 없는 메모를 버리는 것, 바로 기록 디톡스다. 디톡스는 우리 몸에만 필요한 게 아니다. 기록에서도 불필요한 것을 비워서 꼭 필요한 것만 남겨두는 작업이 중요하다.

잘 정리된 기록이 쌓이면 나 대신 기록이 스스로 일을 한다. 다른 일을 정신없이 하는 동안 새로운 프로젝트를 물어다 주고,

자는 동안에도 SNS에서 나를 알린다. 게다가 새로운 일을 시작할 때, 이전 기록을 활용하면 0퍼센트가 아니라 40퍼센트 즈음에서 시작할 수 있다.

나는 기록 디톡스가 필요한 사람일까?

☐ 휴대폰 사진첩을 정리하지 않은 지 6개월이 넘었다.
☐ 인풋은 많은데 잘 써먹지 못한다.
☐ 폴더를 정리할 생각만 하면 머리가 아프다.
☐ 이력서, 포트폴리오를 정리하기 귀찮아서 이직을 미룬다.
☐ 새로운 일을 맡으면 늘 0부터 다시 시작하는 기분이다.

* 한 개 이상 체크했다면 기록 디톡스를 바로 실천해보자.

✦ 꼭 지워야 하냐고 물으신다면

기록 디톡스를 주제로 세미나를 하면 가장 많이 듣는 고민이 있다. 모두 소중한 사진과 메모라서 지울 수가 없다는 것이다. 그 마음을 충분히 이해하지만 그때마다 한결같이 지우라고 대답한다.

더 귀중한 자료는 분명히 있다. 중요하지만 나중으로 미뤄야 할 것도 있다. 우리의 시간과 에너지는 한정되어 있고 아무리 체력과 능력이 뛰어난 사람이라도 모든 것을 한 번에 해낼 수는 없기 때문이다. 그럼에도 우선순위 앞에서 단호해지지 않는다면 워런 버핏이 우선순위를 정하는 규칙을 참고해보자.

<워런 버핏이 우선순위를 정하는 규칙>
1. 이루고 싶은 목표 25개를 쓴다.
2. 자신을 성찰하면서 가장 중요한 목표 5개에 동그라미를 친다.
3. 동그라미를 치지 않은 20개를 살펴보고 무슨 일이 있어도 하지 않도록 피한다.

이삿짐을 정리할 때, 만약을 위해 남겨둔 수많은 물건을 보고 놀란 적이 한 번쯤 있을 것이다. 5년 동안 쓰지 않은 핸드 믹서, 10년째 펼쳐 보지 않은 책, 유통기한이 지난 비슷한 컬러의 립스틱 등. '언젠가'라고 애매하게 말하는 것부터 다시 쓰지 않을 확률이 높다는 신호다.

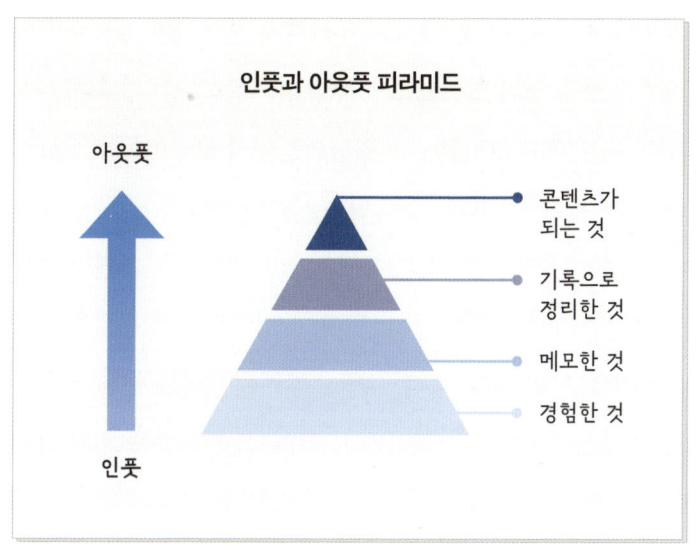

✦ 기록은 다시 보려고 하는 것

우리가 이 책을 고른 이유는 나만의 기록을 콘텐츠로 만들어 소비자에서 생산자로 진화하고 싶어서다. 이렇게 콘텐츠 생산자가 되는 방법은 두 가지가 있다. 인풋의 양을 더 늘리거나, 기록을 소화해서 내 것으로 만드는 것이다.

둘 중 뭐가 더 쉬울까? 처음에는 인풋을 늘리는 게 더 쉽다고 생각할 수 있다. 영어 공부를 생각해보자. 많은 영어 전문가가 영어를 자주 쓰는 환경에 노출되면 입이 트인다고 말한다. '인풋과 아웃풋 피라미드'를 봐도 그런 생각이 든다. 많이 잊어버리더라도 인풋을 크게 늘리면 아웃풋도 늘어날 것 같다. 그러나 이 방법은 시간이 오래 걸린다. 갓난아기에서 모국어를 유창하게 구사하기까지는 10년이 훌쩍 넘는 시간이 든다.

그렇다면 이미 어른이 된 후에 영어를 배워야 한다면 어떻게 해야 할까? 일상생활에서 자연스럽게 영어를 접하며 저절로 외우는 방식은 비효율적이다. 그래서 우리는 반대로 한다. 2번 방식, 즉 문법을 배우고 자주 쓰이는 패턴과 단어를 외우는 지름길을 선택한다.

20대 시절, 나는 1번 방식으로 영감을 메모하고 기록을 남겼다. 아직 내 콘텐츠를 찾지 못해서 여기저기 기웃거리며 인풋에 집착하던 시기였다. 온갖 책을 찾아 읽고, 강의를 들으러 다녔다. 좋아 보이는 것은 일단 다 해봐야 직성이 풀렸다. 남들의 이야기에 나를 더 멋진 사람으로 만들어줄 답이 있다고 생각했다. 그러나 아무리 책과 강의를 많이 접해도 결국 진짜 내 것이 되는 콘텐츠는 아주 일부였다.

아웃풋은 인풋이 많다고 해서 저절로 생기는 게 아니었다. 영감과 경험을 메모한 다음에는 다시 들여다보며 기록으로 정리하고 써먹어야 비로소 내 안에 남았다. 요즘은 인풋이 넘쳐나는 시대다. 이제, 인풋과 아웃풋의 피라미드를 뒤집을 때다.

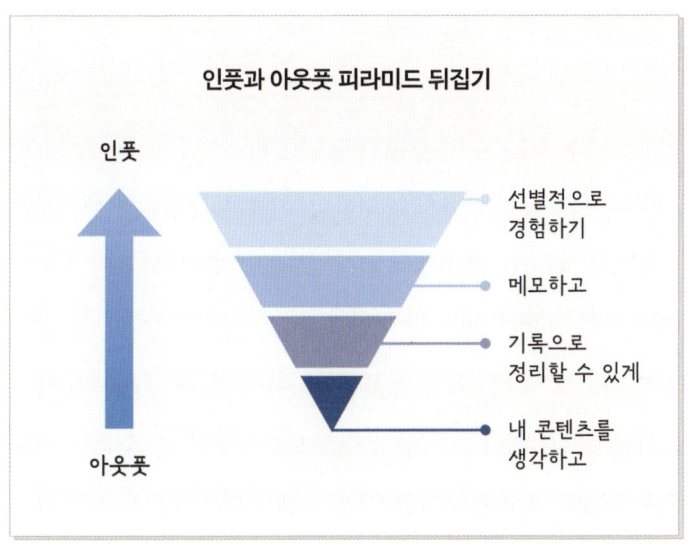

　기록은 하는 것보다 다시 보는 것이 더 중요하다. 우리가 다시 봐야 할 가치 있는 기록은 불필요한 것을 지운 다음 남긴 의식적인 기록이다.

　기록은 내 안의 좋은 것을 꺼내 쓰는 일이다. 오늘의 기록을 내일의 내가 잘 써먹을 거라는 기분 좋은 기대감으로 기록하자. 또한 기록 디톡스는 내일의 나를 위한 배려다. 내일도 정신없이 바쁠 나를 위해서, 어렵지 않게 알아볼 수 있도록 예약 메시지를 발행한다는 마음으로 기록하고 정리해보자.

✦ 설레지 않으면 지워라

메모와 기록은 다르다. 메모가 퇴근하고 아무렇게나 벗어 의자 위에 뒤죽박죽 쌓아둔 옷이라면, 기록은 귀찮음을 무릅쓰고 옷장에 보기 좋게 정리한 옷이다. 그때그때 정리해두면 필요할 때 곧바로 깔끔한 옷을 찾아 입을 수 있는 것처럼, 메모를 곧바로 기록으로 정리해두면 필요할 때 꺼내 쓸 수 있는 똑똑하고 든든한 데이터베이스가 된다.

블로그에 '올해 뿌듯했던 일'을 주제로 포스팅을 한다고 가정해보자. 첨부 이미지로 회사 연말 시상식에서 성과 우수상을 받은 사진을 추가하고 싶다면 어떻게 찾아야 할까? 머릿속으로는 이미지를 구체적으로 떠올릴 수 있지만 정리되지 않은 휴대폰 속 5만 장의 사진 더미에서는 그 날짜 즈음의 사진을 모두 훑어봐야 한다.

게다가 사진은 텍스트 메모에 비해 검색이 어렵다. 만약 성과 우수상을 받았던 에피소드를 메모 앱에 텍스트로 남겨두었다면 시상식, 성과 우수, 수상 등의 키워드로 검색해서 금세 찾을 수 있겠지만 사진은 그게 불가능하다. 영상은 사진보다도 어렵다. 영상의 중간 부분에서 원하는 포인트를 찾는 데는 꽤 오랜 시간이 걸린다.

그래서 정리의 첫 단계는 지우기다. "설레지 않으면 버려라"라는 마법의 문장으로 '곤마리 정리법' 붐을 일으킨 세계적인 정리 컨설턴트 곤도 마리에의 도움을 받아보자. 그는 나중에 필요할 것 같아도 설레지 않으면 버리라고 말한다. 설렌다는 감정이 기준이라는 게 언뜻 이해되지 않지만, 인간은 의외로 비합리적인 존재이기 때문에 중요한 결정을 내릴 때 '감'이 영향을 미치는 경우가 많다. 지금 나를 설레게 하지 않는 책, 옷, 문구 중에 나중에 다시 보니 갑자기 좋아지는 것이 얼마나 될까? 아마 절반도 되지 않을 것이다.

메모를 기록으로 변환하는 작업은 단기 기억을 장기 기억 보관소로 옮기는 것과도 비슷하다. 사람들은 잠을 자는 동안 뇌가 휴식을 취한다고 생각하지만, 사실은 낮 동안 수집한 단기 기억 중 주요 기억을 선별해서 장기 기억 보관소로 보내며 더욱 바빠진다. 뇌가 기억을 장기 기억으로 선택할지 말지 결정하는 기준은 '피크엔드(peak-end)'다. 가장 최근의 기억일수록, 가장 강렬한 감정을 느낀 기억일수록 높은 확률로 장기 기억 보관소까지 전달된다. 단기 기억 보관소는 용량이 작아서 최근의 기억 몇 개만 가까스로 저장한다. 어제 점심 메뉴를 묻는 질문에 바로 대답하기 어려운 것만 봐도 그 한계가 실감된다. 그래서 제때 제대로 된 기억을 인출하려면 중요한 기억을 장기 기억으로 잘 변환한 다음, 단기 기억에는 장기 기억 보관소의 구조도만 딱 한 장 저장해두어야 한다.

기록도 똑같다. 매일 밤 잠들기 전, 하루 종일 남긴 많은 양의 사진과 영상, 메모 중에 무엇을 장기 보관할지 결정하고 나머지는 지워야 한다. 마지막까지 남겨둬야 하는 것 역시 기록 서랍의 구조도 딱 한 장뿐이다.

✦ 루틴으로 기록 자동화하기

기록 정리를 습관으로 만들고 싶지만 귀찮아서 자꾸만 미룬다면 루틴의 힘을 빌려보자. 루틴으로 반복할수록 실행에 드는 노력이 줄어서 어느 시점부터는 애쓰지 않아도 자동으로 굴러가게 된다.

기록 디톡스도 루틴으로 만들면 몸에 각인된다. 루틴을 설계할 때는 구체적인 실행 트리거를 조건 반사 행동처럼 연결해두면 더 좋다. 예를 들어 눈을 뜨면 이불을 정리하고, 이불을 정리하면 물 한잔을 마시고, 물을 마시면 세수하는 것처럼 연속된 행동을 붙여서 하나의 덩어리로 만드는 것이다. 이불 정리, 물 마시기, 세수하기의 세 가지 행동이 한 덩어리로 자동화된 다음

기록 디톡스 루틴

구분	매일 디톡스	한 달 디톡스
소요 시간	5분	2시간
빈도 설정	매일 밤	한 달에 한 번 (매월 첫째 토요일 오전)
트리거 설정	리추얼 인증 기록을 위해 컴퓨터를 켰을 때	모여서 한 달 기록 디톡스 & 회고하는 모임 만들기
실행 행동 설정	사진첩과 메모 앱에서 불필요한 기록 지우기	한 달 동안 쌓인 사진과 메모 중에서 불필요한 기록을 지우고 남길 기록을 기록 서랍에 정리하기

에는 조건 행동 하나만 시작하면 몸이 저절로 움직여 나머지 행동으로 자연스럽게 이어진다.

 나는 매일 잠들기 전에 밑미 리추얼 사이트에 공부 기록을 인증하는데, 이때 사진첩과 메모장에서 불필요한 기록을 지운 다음, 남은 사진 중에서 오늘의 공부와 관련된 사진을 첨부한다. 이때 기록 디톡스를 쉽게 실행하기 위해 고민하다가 매일 디톡스와 한 달 디톡스 루틴을 만들었다.

 매일 디톡스의 목표는 유효기간이 지난 기록을 지우는 것이다. 대상은 대개 정보성 기록으로, 마음에 들어 캡처했지만 사지는 않을 운동화 품번 사진, 똑같은 구도로 여러 번 찍은 디저트 사진, 이미 구매한 책 제목과 같은 기록이다. 이런 기록들을 매일 조금씩 정리해두면 한 달 동안 쌓인 기록의 양이 한두 시간 내에 정리할 분량으로 줄어든다. 내가 한 달 디톡스를 할 때 쌓인 기록의 양은 사진 100장, 구글 킵 메모 20개, 일기 30장 정도다. 적진 않지만 한 달에 한 번 마음먹고 정리할 수 있는 수준이다.

한 달 디톡스의 목표는 사진첩과 메모 앱을 완전히 비우는 것이다. 임시 저장된 메모 중에서 쓸 만한 메모는 데이터로 만들어 보관하고 나머지는 버린다. 남긴 기록은 명확한 기준으로 이름과 자리를 정해줘야 데이터의 기본 조건이 갖춰진다. 메모와 기록의 결정적 차이는 데이터로 일관되게 쌓여 있는지 여부다. 규칙 없이 쌓인 기록은 다시 찾아보기가 어렵다.

✦ 디톡스 효과: 양질의 인풋만 흡수

기록 디톡스를 반복하다 보면 인풋을 흡수할 때부터 무엇이 살아남을지 감이 온다. 좋아 보이는 모든 인풋을 기록해야 한다는 강박이 줄어들고, 자연스럽게 오래 남겨두고 싶은 양질의 인풋만 선별적으로 받아들인다. 이 단계에 이르면 더 이상 매일 밤 기록 디톡스를 할 필요조차 없어진다. 인풋 과잉의 시대에는 체계적으로 정리된 기록만이 나를 빛내줄 콘텐츠이자 브랜드가 된다.

혹시 이미 꾸준히 기록을 남기고 있지만 삶에 변화가 없어서 고민이라면, 이제 기록 디톡스를 적극적으로 실행하고, 영감 수집에서 영감 선별의 단계로 넘어갈 때다. 무엇을 저장하느냐가 아니라 무엇을 지우고 남기느냐가 우리의 가치를 더욱 선명하게 드러낸다.

여전히 남기는 기준을 잘 모르겠더라도 너무 걱정하지 말고, 이어지는 3단계에서 기록 서랍부터 만들어보자. 기록 서랍을 만들어 체계적으로 정리하고 기록에 이름을 붙이다 보면 내가 만들 콘텐츠의 초안이 모습을 드러낼 것이다.

3단계 기록에게 제자리 찾아주기:
기록 서랍과 폴더 사용법

✦ 기록 정리의 시작, 서랍부터 만들기

이제 본격적으로 기록 정리를 시작해보자. 정리 컨설턴트 곤도 마리에가 되었다고 상상하며 뒤죽박죽 쌓여 있는 메모를 차곡차곡 정리하자. 기록 정리 역시 물건 정리와 원리 및 방법이 같다. 불필요한 것은 버리고, 남긴 것은 제자리에 보관하면 된다. 옷은 옷장에, 책은 책장에, 그릇은 그릇장에 보관하듯이, 기록에게도 알맞은 자리를 찾아주자.

그렇다면 어디에, 어떻게 보관해야 할까? 기록 디톡스 과정에서처럼 '설렘'이라는 감정을 기준으로 정리하는 것이 어려울 수도 있다. 이때는 '기록 서랍 만들기' 방법을 쓰면 도움이 된다. 기록 서랍 만들기는 내가 중요하게 생각하는 키워드를 정한 다음 이를 뼈대 삼아 앞으로 쌓아나갈 기록의 구조를 설계하는 작업이다. 설렘이라는 감정을 너무 진지하게 생각하지는 말자. 콘텐츠로 발전시키고 싶을 만한 키워드라면 이미 충분히 설렌다는 뜻이다.

보통 정리할 때는 채울 거리가 먼저 있어야 한다고 생각하지만, 공간부터 정해져야 오히려 채울 거리가 생긴다. 미니백을 들고 외출하는 날과 백팩을 메고 나간 날을 비교해보자. 미니백을 들고 나갈 때는 꼭 필요한 것만 넣지만 백팩을 들고 나가는 날에는 이것저것 더 담고 싶어진다.

여기에 더해 기록 서랍의 크기보다 중요한 것이 서랍의 형태와 구조다. 작년에 남편과 일본 홋카이도로 여행을 간 적이 있다. 여행을 마친 다음 여행지에서 찍은 사진으로 포토카드를 만들었는데, 한 장에 앞뒤로 사진을 넣어 40개의 사진을 담은 20장의 포토카드를 완성했다. 그러고 나니 그다음 여행에서의 기록 아이디어가 저절로 떠올랐다. 동일한 장소에서 낮과 밤에 사진을 찍어 한 장의 양면에 기록하는 것이다.

기록을 모아둘 서랍의 형태와 구조를 정하자 어떤 기록을 어떻게 남겨야 할지 저절로 계획이 따라왔다. 기록이 어렵다면 기록 서랍 설계부터 시작해보자. 서랍만 제대로 만들어두어도 중구난방으로 흩어져 있던 기록이 알아서 제자리를 찾아간다.

✦ 디지털 기록 서랍 설계하기

모든 디지털 기록 서비스에는 서랍과 서랍 칸 역할을 하는 기능이 있다. 구글 드라이브와 네이버 마이박스에서는 폴더, 노션에서는 페이지, 에버노트에서는 노트북이 서랍 칸이다. 이 책에서는 디지털 기록에 집중하고 있으니 이번 챕터에서는 '기록 서랍'을 각각의 디지털 메모 앱으로, '폴더'를 개별 서랍 칸으로 통일해서 부르겠다.

- 기록 서랍: 네이버 마이박스, 구글 드라이브, 에버노트, 노션, 구글 킵 등
- 폴더: 구글 드라이브의 폴더, 노션의 페이지, 에버노트의 노트북 등

요즘에는 다양한 기록 서랍이 있지만, 나는 주로 구글 드라이브, 노션, 네이버 마이박스, 에버노트 이렇게 네 개를 사용한다. 1단계 15초 영감 메모를 위해 구글 킵을 선택했던 것처럼 기록 서랍을 고르는 기준 역시 호환성과 독립성이다. 어떤 기기에서도 편리하게 호환되어야 접근하기 쉽고, 기록 유형별로 보관 장소가 독립적이어야 관리하기 쉽다.

기록 서랍의 종류와 특징

구분	보관 기록	특징	활용 예시
구글 드라이브	구글 문서	다양한 문서 포맷	스프레드시트, PPT
노션	프로젝트 협업, 안내 페이지	편리한 협업, 공유	프로젝트 대시보드
네이버 마이박스	사진, 영상	블로그 에디터 연동	여행 사진 정리
에버노트	텍스트	손쉬운 검색, 태그	독서 노트, 글감 수집

기록 정리 강연에서 자주 받는 질문이 있다. 기록 서랍을 모두 하나의 툴로 정리하는 게 더 효율적이지 않냐는 것이다. 나 역시 기록 서랍을 통합하는 방법을 고민해봤지만 시행착오 끝에 지금의 방식에 정착했다. 생각 에너지 소비를 최소화하기 위해서다. 가령 글을 쓸 때 사용하는 에버노트에는 쓰다 만 글, 신문 기사, 독서 노트와 같은 텍스트 기록이 모여 있어서 글쓰기에만 집중할 수 있다. 글을 쓰다가 필요한 자료는 2,000개 정도의 글과 자료가 담긴 에버노트에서만 검색하면 된다.

만약 모든 자료를 구글 드라이브에 넣어두었다고 가정해보

자. 글감뿐 아니라 사진, 영상, 계약서가 폴더에 뒤섞여 있고, 키워드로 검색하면 결괏값도 너무 많다. 그러다 보면 각각의 정보를 살펴보고 결정하는 데 불필요한 생각 에너지를 쓰게 된다.

또는 모든 기록을 노션에 정리했다고 가정해보자. 사진과 영상, 계약서가 노션 페이지에 링크 형태로 들어가 있다면 검색하는 데 시간이 많이 걸릴 것이다. 게다가 여러 파트너들과 일을 하다 보면 파트너마다 사용하는 소통 창구가 다르기 때문에 결국 단 한 개의 기록 서랍만 쓸 수는 없다.

하지만 기록 서랍이 너무 많으면 관리가 어렵다. 그래서 다양한 곳에 기록을 분산하기보다는 시장 점유율이 높은 글로벌 서비스 서너 개를 사용할 것을 권하고 싶다. 기록은 규칙성 있게 '쌓여야' 비로소 축적의 힘을 발휘하기 때문이다. 나는 기록 서랍 개수를 네 개에서 더 늘리지 않을 계획이다. 혹시 어떤 기록 서랍을 선택할지 고민이라면 2장 부록에서 나에게 맞는 기록 서랍 고르는 팁을 참고해보자.

✦ 폴더 정리 기준 바꾸기

어떤 유형의 기록을 어떤 기록 서랍에 쌓을지 정했다면, 이제 본격적으로 폴더를 정리해보자. 폴더를 제대로 정리해두지 않으면 기록을 찾을 때 한참을 헤매거나 최악의 경우에는 찾지 못할 수도 있다. 폴더 정리는 기록 수집보다 더 중요하다.

사람들은 대부분 폴더를 키워드별이나 연도별, 또는 이 둘을 조합한 기준으로 나눈다. 그러나 이렇게 정리하면 폴더의 개수가 계속 늘어난다는 문제점이 있다. 중요도가 비슷한 폴더들이 병렬로 쌓이면서, 원하는 폴더를 찾느라 시간을 점점 더 많이 쓰게 된다. 정리를 귀찮아하고 미루는 이유는 게으름 탓이 아니라 정리법 탓이다.

기록이 힘을 발휘하려면 한눈에 전체 기록을 파악할 수 있도록 정리해야 한다. 키워드나 연도처럼 시간이 지날수록 폴더가 증식하는 구분 기준 대신, 언제나 깔끔한 상태를 유지할 수 있는 기준이 있다.

바로 '우선순위'다. 나는 폴더를 정리할 때 기록의 우선순위에 따라 폴더 간의 위계질서를 정해 직렬 구조를 만든다. 자주 쓰는 중요한 폴더일수록 위쪽에 배치하는 것이 핵심이다. 인간의 눈은 정보를 접할 때 위에서 아래로, 왼쪽에서 오른쪽으로 읽는 특성이 있기 때문에 우선순위에 따라 정리하면 훨씬 효율적으로 기록을 저장하고 찾을 수 있다.

✦ 우선순위 폴더 정리법: PARA 시스템

지금부터는 폴더 정리를 도와줄 또 다른 전문가, 티아고 포르테의 PARA 시스템을 사용해볼 것이다. 곤도 마리에가 물건 정리의 대가라면 티아고는 디지털 정리의 대가다. 그는 몸 밖의 뇌인 세컨드 브레인, 즉 디지털 기록 서랍에 기록을 저장해두면 어떤 기록이든 제때 효과적으로 활용할 수 있다고 말한다.

PARA 시스템은 기록을 우선순위에 따라 정리하는 방법으로, 프로젝트(Project), 영역(Area), 자원(Resource), 보관소(Archive)에서 각각 머리글자를 따왔다. 처음 PARA 시스템을 접했을 당시, 나도 이와 비슷한 우선순위 기준으로 폴더를 정리하고 있었음에도 방식의 유사성을 알아차리지 못했다. 나중에 티아고의 책 《세컨드 브레인》, 《세컨드 브레인 부스트》를 다시 읽으면서 내가 눈치채지 못했던 이유를 알았다. 프로젝트, 영역, 자원, 보관소라는 단어는 분명 익숙하고 쉬운 영어 단어인데도, 원어민이 아니다 보니 직관적으로 와닿지 않았던 것이다.

그래서 각 용어의 의미를 제대로 파악하기 위해 쉬운 한국어 단어로 대체해서 사용하기로 했다. 단기 프로젝트, 계속 관리, 자료, 아카이빙의 머리글자를 딴 '단계자아'라는 용어를 기록 정리 워크숍에서 소개했더니 이해도 잘 되고 기억하기도 쉬워서

PARA가 어렵다면 단계자아

PARA	단계자아	보관 기록	구분 기준
프로젝트	단기 프로젝트	진행 중인 프로젝트 기록 (명확한 데드라인과 결과물이 있음)	긴급도: 높음 중요도: 높음
영역	계속 관리	주기적으로 들여다보며 계속 관리하는 기록	긴급도: 낮음 중요도: 높음
자원	자료	나중에 유용하게 쓸 기록	긴급도: 낮음 중요도: 낮음
보관소	아카이빙	– 종료된 프로젝트 기록 – 이제 필요는 없지만 지우고 싶지 않은 기록	긴급도: 없음 중요도: 없음

이제야 PARA를 쓸 수 있겠다는 후기가 많았다.

단계자아는 이름만 다를 뿐 PARA 시스템과 동일하게 기록을 중요도와 긴급도로 분류한다. 이 방식의 장점은 기록 서랍에 들어갔을 때 보이는 첫 화면에 폴더가 딱 네 개뿐이라는 것이다. 덕분에 수많은 폴더 사이를 헤매지 않고 원하는 폴더로 바로 진입할 수 있다.

단기 프로젝트(Project)

가장 중요하고 긴급한 기록인 만큼 가장 눈에 잘 띄는 곳에 저장한다. '데드라인이 있는 일회성 단기 프로젝트' 기록이 해당된다. 프로젝트 단위로 하위 폴더를 만들어 정리한다.

<단기 프로젝트의 하위 폴더 예시>
- 한 달 뒤 진행할 ○○기업 강의 자료
- 이번 주 내내 손보고 있는 단행본 원고 파일

계속 관리(Area)

중요도는 단기 프로젝트만큼 높지만, 매일 봐야 하는 현재 진행형 일회성 단기 프로젝트는 아닌 경우다. 주기적으로 들여다보며 장기적으로 관리해야 하는 기록이 해당된다. 자주 확인하는 만큼 폴더 진입 경로가 익숙하므로, 단기 프로젝트 아래에 배치한다.

<계속 관리의 하위 폴더 예시>
- 매주 작성하는 유튜브 대본
- 매달 진행하는 정기 회의 자료

자료(Resource)

자료 폴더는 앞의 두 폴더와 속성이 다르다. 여기에 저장된 기록은 당장 활용하지는 않지만, 미래의 단기 프로젝트와 계속 관리 업무에 활용할 수 있는 참고 자료다.

<자료의 하위 폴더 예시>

- 독서 노트, 여행 사진
- 기사 스크랩, 트렌드 리포트

아카이빙(Archive)

현재 사용하지 않는 비활성화된 과거 기록을 보관하는 공간이다. 거의 사용하지 않지만 버리기는 아쉬운 물건을 보관하는 지하실 창고와 비슷하다.

<아카이빙의 하위 폴더 예시>

- 종료된 프로젝트 자료, 과거 회의 문서
- 삭제하기 아쉬워서 일단 보관하는 휴대폰 사진 백업 폴더

단계자아로 폴더를 정리하면 기록 서랍을 열었을 때 가장 먼저 보이는 폴더가 딱 네 개로 단순해진다는 점이 가장 좋다. 즉

단계자아를 기준으로 정리한 폴더 구조도

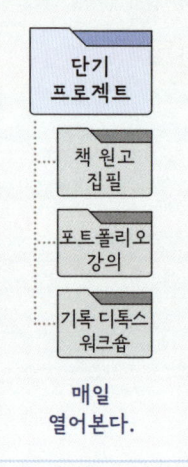

매일
열어본다.

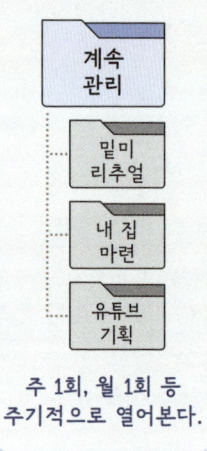

주 1회, 월 1회 등
주기적으로 열어본다.

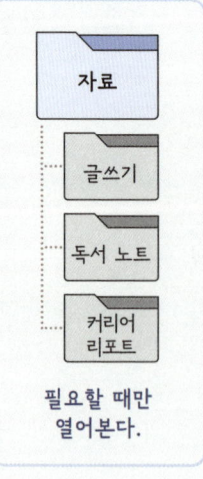

필요할 때만
열어본다.

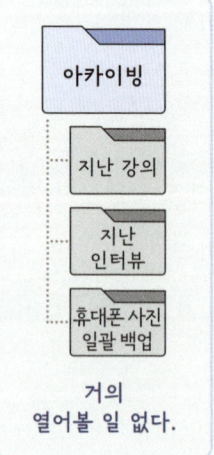

거의
열어볼 일 없다.

생각의 경로가 매우 효율적으로 최적화된다. 생각해보라. 대문을 열자마자 20개의 중문이 나오는 집에 방문한다면 얼마나 정신없고 혼란스럽겠는가. 기록 서랍 대문을 열었을 때 단계자아라는 단 네 개의 중문만이 우리를 맞이한다면 기록을 꺼내 쓰기 위해 탐색하는 여정이 쉬워진다. 무엇이든 쉬워야 꾸준히 할 수 있다.

✦ 기록에 이름이 필요한 이유

폴더 정리를 마쳤다면 이제 기록에 알맞은 이름을 붙여주고 마무리하자. 기록에 이름을 붙이는 이유는 인스타그램 게시물에 해시태그를 붙이는 이유와 동일하다. 사진은 텍스트 기록과 달리 촬영 날짜와 장소 외에 별도의 검색 키(데이터를 처리할 때 기준이 되는 정보)가 없다. 하지만 파일명에 적절한 키워드를 포함하면 마치 해시태그로 인스타그램 게시물을 찾는 것처럼 원하는 사진을 쉽게 찾을 수 있다.

내가 찾기 편한 방식이라면 어떤 규칙이든 상관없다. 파일명을 정할 때는 바쁘고 귀찮아서 의외로 규칙 없이 대충 입력할 때가 많다. 특히 사진과 영상을 정리할 때는 하나하나 이름 짓기가 번거로워서 건너뛰는 경우도 많은데, 규칙에 맞게 저장해 두면 다시 찾을 때 훨씬 수월하다.

한 번에 수십, 수백 장씩 정리하는 사진은 이름을 어떻게 정해야 할까? 그럴 때 나는 동일한 이름을 일괄 지정하는 방식을 쓴다. 여행 사진을 예로 들어보자. 폴더 안의 사진 300장을 전체 선택하고 일괄로 '2024_나트랑_여행사진'으로 이름을 설정하면 1부터 300까지 넘버링이 자동으로 된다(2024_나트랑_여행사진_1, 2024_나트랑_여행사진_2, 2024_나트랑_여행사진_3…). 이렇게 하면 '나트랑'을 검색했을 때 폴더를 한 번 더 클릭하지 않고 바로 원하는 사진을 찾을 수 있다. 하위 폴더를 검색해서 찾을 수도 있지만, 클릭 한 번을 줄이는 사소한 기술이 쌓일수록 기록 정리가 쉬워진다.

이름 짓기 방법에 정답은 없다고 했지만, 그래도 내가 생각하는 좋은 이름은 다음과 같다.

<좋은 기록 이름의 기준>
- 2~3개의 핵심 키워드를 조합한 이름
- 넓은 키워드와 좁은 키워드를 적절히 조합한 이름

이름에 키워드가 너무 많으면 검색했을 때 결괏값도 많아져 정확한 기록을 찾기 어렵다(예: 240828_밑미_기록_세미나_기록디톡스_폴더정리_단계자아_PARA_티아고포르테). 반대로 키워드가 너무 적으면 정확한 키워드를 잊어버렸을 때 검색조차 할 수가 없다(예: 넥스트아이들과미래재단강의). 그래서 이름에 '넓은 키워드'와 '좁은 키워드'를 같이 조합해두면 좋다.

3단계에서는 임시 보관소에 머물러 있던 메모에 알맞은 자리와 이름을 정해주고, 바쁜 일상에서 부지런히 모은 소중한 기록을 질서 정연하게 정리하는 방법을 살펴보았다. 나에게 알맞은 기록 루틴과 기록 서랍을 갖추었으니, 이제 기록 서랍을 하나씩 채워보자. 차곡차곡 축적된 기록으로 나를 더 매력적으로 표현하고, 세상에 알리고, 나라는 브랜드로 발전시키는 멋진 여정을 계속해보자.

4단계 기록을 콘텐츠로:
나만의 해석을 더해 확장하기

✦ 콘텐츠 = 기록 + 나만의 해석

3단계까지 거치며 흩어져 있던 메모를 쌓이는 기록으로 만들었다. 이제 기록을 콘텐츠로 발전시켜볼 차례다. 3단계까지 만든 기록은 내가 보기 편하게 정리한 1차 데이터다. 이 데이터를 다른 사람들도 보기 좋게 편집하는 과정이 4단계와 5단계다.

아무리 좋은 기록이라도 양이 많으면 선뜻 보기가 어렵다. 방대한 내용을 단순하게 압축할 때는 '스토리'가 효과적인 도구다. 인류는 아주 오래전부터 스토리를 이용해 엄청난 정보를 자연스럽고 쉽게 전달해왔다. 게다가 스토리에는 사람을 끌어당기고 몰입하게 만드는 힘이 있다.

4단계는 기록을 콘텐츠, 즉 나만의 스토리로 만드는 과정이다. 3단계에서 정리한 기록과 4단계에서 만들 이야기는 무엇이 다를까? 바로 '나만의 해석'이 덧붙여져 있는지 여부다.

낮에는 골든타임 15초를 놓치지 않고 글, 사진, 영상을 열심히 수집했고, 밤에는 기록 서랍을 부지런히 정리했다. 이제 그 기록을 발효시킬 차례다. 포도가 와인으로, 누룩이 막걸리로, 밀가루가 빵으로 변신하는 것처럼 기록을 콘텐츠로 발효시켜줄 효모는 바로 나만의 해석이다.

✦ 이어 붙이기로 콘텐츠 쉽게 완성하기

기록에 나만의 해석을 덧붙이는 게 어렵다면 서랍에 모아둔 기록을 단순하게 이어 붙이는 것부터 시작해보자. 내가 쓴 긴 글 대부분은 버스와 지하철에서 10분씩 썼던 메모를 이렇게 붙여서 만든 것이다.

사례를 살펴보자. 틈틈이 적어둔 메모들을 살펴보다가 하나의 공통된 주제를 찾았다. 첫 번째는 유튜브 영상에 달린 악플을 보고 피드백에 대해 생각한 것들이었다. 두 번째는 하루키가 피드백을 대하는 태도에 대해 공부 모임에서 나눈 이야기였다. 세 번째는 지인 블로그에서 본 프리랜서의 가격 협상 에피소드

유튜브 악플 피드백에 대해

자본주의 사회에서 돈이 벌거 아니라고 말하는 것만큼 위선적인 태도가 있을까? 돈은 내 가치의 환산값이니까. 그래서 돈은 중요하고, 돈을 많이 받을 수 있도록 노력해야 한다.

회사 밖에서 가격을 협상하기 시작하면 삶의 베이스라인이 무너지기 쉽다. 최저가로 입찰되기 위해 회사 밖을 나온 게 아닌데, 불안해지면 가장 먼저 건드는 게 가격이다. 그럴수록 제 값을 받아야 한다. 그 돈을 주고서라도 나를 원하는 사람에게 내 모든 것을 쏟아붓자. 그런 사람이 지금 당장 없다면 발 벗고 찾아나서고 나올 때까지 남는 시간은 나를 키우는 데 쓰자.

무라카미 하루키의 대응법

"저 아는 포토그래퍼는 한 달에 딱 한 건만 일을 받아요. 대신 그 한 건의 단가 자체를 높게 책정하죠. 그 가격을 지불해가면서까지 함께 일하고 싶어 하는 사람하고만 일해요. 대신 그 한 건에 정말 최선을 다한대요. 그래서 입소문은 점점 나고요. 그렇게 만들어진 나머지 시간에는 자신을 채우는데만 집중해요. 그렇게 일과 삶의 선순환 구조를 만들었더라고요."

프리랜서의 가격 협상 에피소드

하루키는 글에 대한 피드백을 받으면 꼭 그 부분을 고치고 피드백 대로 고치지는 않는다고 한다. 피드백 받은 부분이 누군가에게는 발로라는 것은 인정하되 수정의 방향성은 '하루키답게' 지키는 자세다.

파리에서 도시락 파는 여자 읽다가

모든 피드백을 수용할 필요는 없다. 내 목표는 완벽해지는 것이 아니라 뾰족해지는 것이다. 모두에게 사랑받으려고 하면 아무에게도 제대로 사랑받을 수 없다.

- 피드백을 준 사람이 내 잠재 고객인가?
기록생활에 관심이 많고 이미 일상에서 기록을 실천하고 있으면 더 좋은 기록을 쌓기 위해 시간과 돈을 기꺼이 낼 수 있는 사람인가? 생활비의 5~10% 정도를 공부와 기록에 투자하는가? 그런 사람이 아니라면 어차피 내 서비스를 돈 내고 구매하지 않을 것이다. 내 잠재 고객에게 집중하자.

- 내가 개선할 수 있는 피드백인가?
맞는 말이지만 지금 내 역량으로는 도저히 개선할 수 없는 문제라 개선하다가는 시작도 못하겠다면? 일단 포기하고 그냥 하는 게 낫다. 욕좀 먹으면 어때, 나의 목표는 욕 안 먹는 게 아니라...

orotte_moment
회사 밖에서 평가받고 돈을 번다는 건

❤️ 건강하게 피드백을 받아들이는 자세

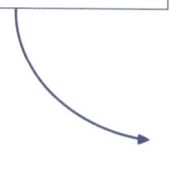

드라이키로 일을 하다보면 피드백에 쉽게 흔들리게 된다. 잘해도 못해도 매일 정해진 월급이 나오는 회사와 달리 크리에이터는 내가 잘한 딱 그만큼 돈을 벌수 있어서 피드백의 영향을 많이 받을 수밖에 없다.

그러나, 모든 피드백을 수용할 필요는 없고 그럴 수도 없다. 프리랜서의 목표는 완벽해지는 게 아니라 뾰족해지는 것이어야 한다. 누구에게나 좋은 서비스는 어도치도 아닌 서비스다.

❤️ 건설적인 피드백인지 판단하는 질문

❤️ 피드백을 준 사람이 내 잠재 고객인가?

기록생활에 관심이 많고 이미 일상에서 기록을 실천하고 있으며 더 좋은 기록을 쌓기 위해 시간과 돈을 낼 수 있는 사람인가? 생활비의 5~10% 정도를 공부와 기록에 투자하는가? 그런 사람이 아니라면 어차피 내 서비스를 돈 내고 구매하지 않을 것이다. 내 잠재 고객에게 집중하자.

❤️ 혹시 토니와 유형의 피드백인가?

토니와 유형의 사람은 무라카미 이와무 원장이 쓴 [나는 나의 스무살을 가장 존중한다]에서 제시한 개념으로 "행동하지 않고 말만하고 평가하는 사람"을 말한다.

TONAWA
Talk Only No Action With Appraisal

그런 사람들은 지나치게 이상적이고 모든 면에서 높은 기준을 제시한다. 다시말하면 말이지만, 나는 완벽해지기보다 뾰족해지기를 원한다.

❤️ 내가 개선할 수 있는 피드백인가

맞는 말이지만 지금 내 역량으로는 도저히 개선할 수 없는 문제라며 개선하다가는 시작도 못하겠다면? 일단 포기하고 그냥 하는 게 낫다. 욕 먹으면 어때, 나의 목표는 욕 안 먹는 게 아니라 내가 하려던 일을 기어이 하는 것이다. 하면서 발전하면 된다. 대신 그 과정을 함께해준 분들에게 진심으로 감사하자.

❤️ 내 단점을 보완할 피드백인가, 강점을 강화할 피드백인가?

많은 사람들이 헷갈리는 정점이 "단점을 보완해야 한다"는 것이다. 모든 특성은 동전의 양면이다. 단점을 보완하는 데 집중하면 만들어질 두리뭉실해진다. 단점 부분이다가 강점이 희미해지는 건 아닌지 생각해보자.

내 단점은 측정성과 변수를 잘 허용하지 않는 것인데, 대신 강점은 원칙, 시스템, 안정감이다. 그래서 나와 비슷하게 예측 가능성 안에서 자유를 느끼는 분들이 내 이야기를 좋아했다.

내가 단점 보완하겠다고 어색하게 즉흥적으로 변수를 허용하면? 나의 안정감이 좋아서 찾아 뭔분들도 떠나고, 측흥과 변수를 좋아하는 분들도 내 노력에도 불구하고 굳이 나에게 오지 않는다.

• 비슷한 주제의 메모 네 개를 이어 붙여 완성한 인스타그램 콘텐츠

를 적어둔 메모였다. 네 번째는 가격은 협상하는 게 아니라 제안하는 것이라는 《파리에서 도시락 파는 여자》 속 메시지에 대한 생각이었다.

각기 다른 메모들이지만 프리랜서, 평가, 나의 가치, 협상이라는 하나의 공통된 주제를 찾을 수 있다. 공통 주제를 아울러서 '회사 밖에서 평가받고 돈을 번다는 건'이라는 제목을 달고 한두 줄 살을 붙여서 하나의 콘텐츠로 만들어 인스타그램에 올렸다.

이외에도 다양한 메모들에서 공통 주제를 찾을 때마다 이를 엮어서 인스타그램 콘텐츠로 만들었다. 말하기 강의를 듣고 적은 메모와, 유튜버와의 대화를 기록한 메모를 합쳐 '일에 대한 고민'을 담은 하나의 글을 완성하기도 했다.

인스타그램에 올린 글들을 보다 보니 관통하는 하나의 키워드가 있다는 것을 알게 되었다. 회사를 그만두고 회사 밖에서 하고 있는 고민들이었다. 이 고민에 대한 답을 몇 주 동안 구글 킵에 쌓은 다음 묶어서 인스타그램으로 발행했고, 이런 글이 여러 개 쌓이자 또다시 하나로 엮어서 '회사를 나와서 요즘 하는 일들'이라는 제목으로 브런치 콘텐츠를 만들었다. 이번에도 크게 수정하지 않고, 각각의 메모를 흐름에 어울리게 배치한 다음

소제목을 붙여서 자연스럽게 이어지도록 했다.

이런 식으로 짧은 구글 킵 메모에서 시작해 긴 브런치 글이 완성된다. 중간중간 필요에 따라 살을 붙이거나 내용을 수정하기도 하지만, 거의 '그대로 이어 붙이는' 수준이다.

하루 10분 메모와 정리로 이야기 씨앗을 모아두면, 잘 엮기만 해도 콘텐츠를 완성할 수 있다. 조금씩 쌓아야 하기에 단번에 글이 나오지는 않지만 매일 10분 정도씩 투자해서 일주일에 인스타그램에 한 개, 한 달에 브런치에 두 개가량은 꾸준히 업로드하는 나만의 기록 루틴이 되었다.

이렇게 기록을 이어 붙여서 단계별로 콘텐츠를 만들면 좋은 점이 하나 더 있다. 독자들의 반응을 실시간으로 확인할 수 있다는 것이다. 인스타그램에 달린 댓글과 좋아요를 보면서 독자가 반응하는 키워드와 공감하는 포인트를 알 수 있다. 기록을 이어 붙여 중간 발행하는 과정 자체가 독자와 소통하며 콘텐츠를 만드는 작업인 셈이다.

인스타그램에서 큰 관심을 받은 글을 모아 브런치에 올리면 대개 비슷하게 좋은 반응을 얻는다. 그중 두드러지게 반응이 좋은 글은 유튜브 콘텐츠로 발전시키기도 한다. 유튜브는 콘텐츠 제작에 들어가는 시간과 노력이 가장 큰 매체다. 그만큼 콘텐츠

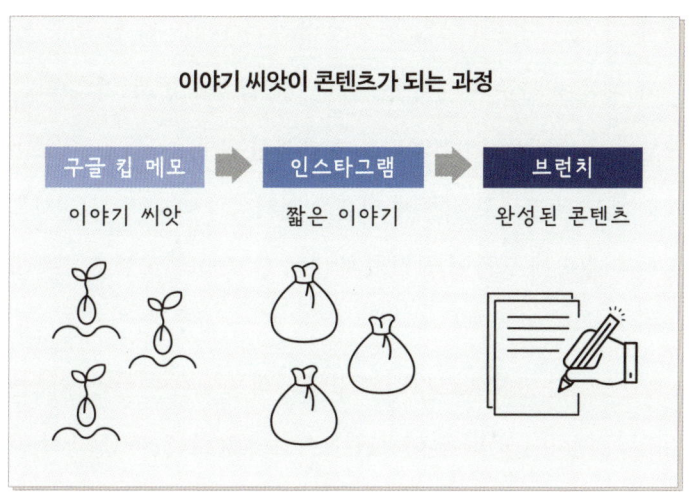

발행에 신중해질 수밖에 없는데, 이렇게 검증된 소재로 만들면 안정적으로 좋은 결과를 얻을 수 있다.

✦ 콘텐츠를 만들어보면 세상을 보는 눈이 달라진다

구글 킵에 쌓인 이야기 씨앗을 엮어 콘텐츠를 완성하는 과정을 반복하다 보니 기록과 콘텐츠를 바라보는 관점까지 달라졌다. 나에게 중요한 키워드를 발견하게 되고, 나아가 일상에서 흡수하는 인풋까지 바뀐다. 예를 들어 '회사 밖에서 일하면서 어떻게 평가에 휘둘리지 않을 수 있을까'라는 고민을 늘 품고 있었기 때문에 친구와 대화를 하면서, 책을 읽으면서, 강의를 들으면서 그 질문에 대한 해답을 계속해서 찾아나갔다. 겉으로는 조각을 먼저 모으고 나중에 연결한 것처럼 보이지만, 실은 처음부터 머릿속에 질문이 있었기 때문에 답 조각을 모으고 흐름에 따라 퍼즐을 맞춰왔던 것이다.

4단계까지 훈련하고 나면 매일 흡수하는 모든 영감과 정보는 '나만의 해석'에 따라 필터링된다는 것을 알 수 있다. 그래서 이 과정을 반복하다 보면 1단계에서 감지하는 영감도 정리된다. 어느 순간부터는 따로 디톡스할 필요 없이 영감을 받는 과정에서 가치 있는 인풋인지 아닌지를 자동으로 선별한다. 그 시점부터는 모든 단계에 들어가는 시간과 에너지가 줄어든다. 자연스러운 흐름에 올라타서 기록 루틴과 시스템을 단단하게 체화한 것이다.

이제는 '언젠가 쓰겠지'라는 태도로 무작정 사진 찍고 받아 적기보다는 기록의 목적과 가치를 처음부터 생각하며 기록한다. 내 기록의 설계도를 손에 쥐게 된 것이다. 이 설계도는 나의 인생 질문에서 시작되었고, 그에 대한 답을 찾기 위한 여정을 그린 지도이기도 하다. 다음 5단계에서는 이 지도가 어떻게 우리를 성장의 길로 이끄는지 살펴볼 것이다.

5단계 콘텐츠를 브랜드로:
나를 행동하게 하는 인생 질문

✦ 하나의 인생 질문으로 시작하기

'낮에는 회사원으로 일하고 밤에는 글 쓰는 삶을 건강하게 지속하려면 어떻게 해야 할까?'

기록 루틴과 글쓰기 시스템을 향한 열망은 이 하나의 질문에서 시작되었다. 바로 답하기는 어려웠다. 짧으면 몇 달에서 길면 몇 년까지 시도, 실천, 수정을 반복해야 답을 얻을 수 있는 거대한 인생 질문이었기 때문이다. 여기에는 여러 개의 하위 질문도 포함되어 있었으므로 마인드맵으로 질문과 답을 정리했다.

그리고 몇 년 동안 변하지 않는 핵심 인생 질문과 하위 질문에 스스로 답을 찾고 시도하는 과정을 기록으로 남겼다. 동시대를 사는 우리는 대개 비슷한 고민을 한다. 꽤 많은 사람이 내 고

하나의 인생 질문에서 뻗어나간 다양한 하위 질문들

낮에는 회사원, 밤에는 작가

- **회사에서 에너지 낭비 줄여서 최적화하기**
  - 불합리한 업무 요청에 지나치게 감정적으로 대응하지 않기
  - 야근하지 않고 주어진 시간에 업무 끝내기
  - 퇴근하고 집에 와서 글 쓸 시간과 에너지 확보하기

- **쪽글 모아 긴 글 완성하기**
  - 단계별 자투리 글쓰기 시스템 만들기(영감 → 짧은 글 → 긴 글)
  - 메모 앱을 활용해 영감, 글감 수집의 골든타임 놓치지 않기

- **응원과 동기부여로 지속할 힘 얻기**
  - SNS에 글 쓰는 과정과 중간 결과물 공유하기
  - 안전한 커뮤니티에서 응원 주고받기

민에 공감했고, 이 고군분투 기록을 강의와 아티클로 만들어보자는 제안을 받았다. 그 결과, 커리어 콘텐츠 플랫폼 퍼블리와 함께 '무례한 업무 요청에 지혜롭게 대응하는 법', '글이 저절로 써지는 글쓰기 시스템' 아티클을 발행했다. 강연 플랫폼 헤이조

이스와는 'SNS에 나 기록하기' 챌린지와 강의를 진행했다.

개인적인 문제를 해결하기 위해 남겼던 기록이 다른 사람을 돕는 콘텐츠로 재상산되면서 내 글을 꾸준히 읽어주는 독자들이 생겼다. 그들도 비슷한 고민을 하고 있었고, 내 문제 해결 방식에서 힌트와 용기를 얻었다고 말했다.

나 역시 하나의 인생 질문에서 시작해 자신의 콘텐츠를 만들고 이를 브랜드로 발전시킨 사람들의 레퍼런스에서 도움을 많이 받았다. 인터뷰와 아티클, 책에서는 삶에 적용할 성장의 힌트를 찾았다.

나를 고민하고 행동하게 하는 하나의 질문은 무엇인가? 콘텐츠 강의를 듣다 보면 강사들은 타인에게 도움이 되는 이야기를 해야 한다고 입을 모아 말한다. 동의한다. 그러나 '타인에게만' 도움이 되는 이야기를 하다 보면 금방 지치고 의미를 찾기 어렵다.

무슨 이야기든 우선 '내 문제'에서 시작해야 한다. 문제를 해결하기 위해 고민하는 과정을 기록해보자. 시간이 흐르면 기억이 희미해질 테니 최대한 자세하게 적어두어야 한다. 이 기록은 미래의 내가 헤매지 않게 도와주는 네비게이션이 된다.

✦ **가장 강력한 콘텐츠는 나만의 문제 해결법**

종종 친구의 업무 고민을 듣다 보면 분명 타인의 이야기일 뿐인데 위로가 되고 내 문제 해결에 도움을 받기도 한다. '나만 그런 고민을 하는 게 아니었구나', '나한테만 그런 문제가 있는 게 아니었구나'. 그러고는 궁금해진다. 그래서, 친구는 그 문제를 어떻게 해결했을까. 친구의 대답에서 힌트를 얻어 나의 상황에 적용해보고 싶어진다.

현직자 인터뷰나 강의를 듣는 이유도 비슷하다. 마케팅 전문가가 쓴 마케팅 교과서가 넘쳐나는데도 그보다 훨씬 비싼 돈을 내고 현직자 강의를 듣는 이유는 그 사람의 문제 해결 방법이 궁금해서일 것이다. 책에서 접한 이론을 이해하는 것은 어렵지 않지만 당장 적용할 아이디어는 쉽게 떠오르지 않는다. 그럴 때 다양한 사례를 접하면 비로소 내 문제에 적용할 방법을 창의적으로 상상할 수 있다. 구체적이고 생생한 타인의 사례는 내 문제 해결을 도와주는 좋은 학습 자료다.

한참 커리어를 고민하던 시기에 들었던 현직 마케터의 강의 중에 특히 김상민 마케터의 문제와 해결법이 오랫동안 기억에 남았다. 김상민 마케터는 활달한 '인싸'들이 가득한 배민에서 커리어를 시작했다. 그곳의 마케터들은 트렌드에 밝고 네트워킹을 즐기는 성향이었는데, 그는 네트워킹을 부담스러워하는 내향인이었고 외향인들 사이에서 어떻게 적응하고 성과를 내야 할지 고민이 많았다고 한다.

고민 끝에 선택한 방법은 '비대면 회의에서 실력 드러내기 전략'이었다. 배민은 카피라이팅을 중요하게 생각해 회의를 자주 열었고, 회의는 주로 구글 스프레스 시트와 슬랙을 활용한 비대면으로 진행했다. 김상민 마케터는 얼굴을 맞대며 아이디어를 쏟아내야 하는 대면 미팅에서는 말하기 어려웠던 톡톡 튀는 아이디어를 비대면 회의에서는 스스럼없이 드러낼 수 있었다. 어릴 적부터 페이스북, 인스타그램에서 센스 있는 웃긴 댓글 달기가 취미였던 그는 재능을 발휘하며 점차 실력을 인정받고 자리를 잡을 수 있었다.

브랜드와 상품을 알리는 마케터로 일한다고 해서 모두가 외향인인 것은 아니다. 10년 넘게 마케터로 일한 나 역시 김상민 마케터처럼 내향인이다. 회사와 업무 방식이 다르기에 비대면 회의 전략을 똑같이 사용할 수는 없었지만, 나에게 맞게 변형해 역량을 발휘할 수 있겠다는 힌트를 얻었다.

인스타그램에서 인싸 마케터들끼리 네트워킹 모임을 하고, 술자리에서 재미있는 대화를 나누는 것을 보면 부러움과 동시에 부담감을 느꼈다. 그래서 나는 온라인과 기록이라는 방식을

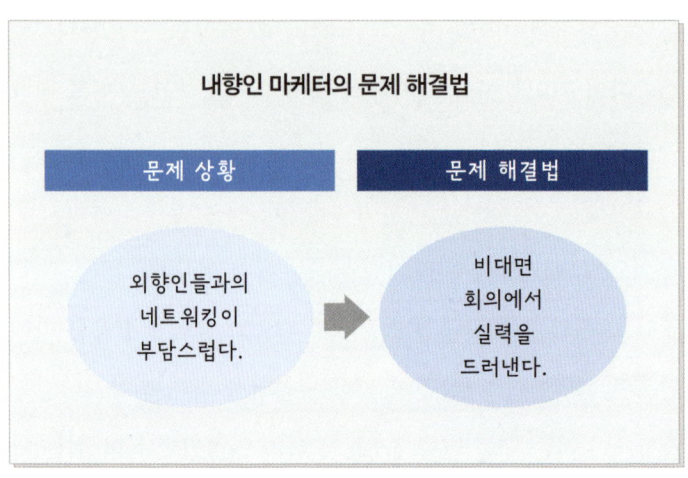

　선택했다. 네트워킹 파티장 대신 온라인 커뮤니티를 내 무대로 삼은 것이다.

　밑미에서 내가 운영하는 커뮤니티에는 나와 비슷한 성향의 회원들이 모인다. 네트워킹은 하고 싶지만 밀도 높은 대면 모임은 부담스럽고 온라인에서 느슨하게 관계를 맺고 싶은 사람들이다. 매일 밤 각자 외국어, 커리어, 자격증 공부를 하면서 겪은 시행착오를 기록으로 남기고, 서로의 성장 과정을 지켜보며 응원을 주고받다 보면 큰 힘이 된다.

　느슨한 연결감과 더불어 온라인 활동의 또 다른 장점은 '기록이 남는다'는 것이다. 대면 공간에서는 정해진 시간과 공간을 공유하는 사람들에게만 이야기를 전할 수 있지만, 온라인에서는 시공간의 제약 없이 많은 사람에게 이야기를 전할 수 있다. 게다가 시간이 흐를수록 쌓여가는 기록은 그 자체로 영향력을 갖는다.

세상에 나보다 일 잘하는 사람, SNS 팔로워 수가 많은 사람은 차고 넘친다. 그러나 같은 문제를 두고 나와 같은 방식으로 고민하고, 시도하고, 해결하며 시간을 쌓아 올린 사람은 나 하나뿐이다. 나를 괴롭히는 바로 그 문제를 나만의 질문으로 만들어보자. 시간을 들여 깊이 고민하고 나만의 해결 방법을 찾아나가는 과정을 기록해보자. 그것이 우리를 브랜드로 만들어줄 것이다. 느리지만 안전하고 확실한 방법이다.

✦ 멋있는 사람보다 응원하고 싶은 사람

마케팅이 '나는 좋은 사람이야'라고 스스로를 상대에게 알리는 행위라면, 브랜딩은 '저 사람은 좋은 사람이야'라고 상대가 나를 알아보게 하는 행위다. 그래서 마케팅은 하나의 콘텐츠로도 가능하지만, 브랜딩에는 시간과 콘텐츠를 꾸준히 쌓아 올릴 시간이 필요하다.

이것이 SNS에 기록을 지속해서 공개하라고 권하는 이유다. SNS는 나라는 브랜드의 포트폴리오다. 사적인 공간인 SNS가 업무 공간이 되는 것 같아 부담스럽다거나 좋은 모습만 보여줘야 할 것 같아서 작위적으로 느껴진다고 말하는 사람도 있다. 그러나 나는 SNS에 내 모습을 잘 다듬어 보여주는 것은 위선이 아니라 배려라고 생각한다.

SNS는 친구 관계를 맺는 것과 똑같다. 자주 만나는 친구들을 떠올려보자. 그들이 만날 때마다 동료 불만, 가족 불화, 회사 험담과 같은 부정적인 이야기만 늘어놓고 쌩하니 가버린다면 어떤 기분이 들까. 그 친구와는 거리를 두고 싶다는 생각이 먼저 들 것이다. 관계를 지속하고 싶은 친구는 만날 때마다 새로운 영감과 긍정적인 에너지를 전해주는 사람이다. 가끔은 힘든 일을 솔직하게 털어놓으며 못난 속마음을 보여주기도 하지만, 내 이야기도 기꺼이 들어줄 여유를 가진 친구를 우리는 좋은 사람이라고 생각한다.

SNS에서 팔로우하는 사람들도 마찬가지다. 억지로 좋은 사람인 척하라는 얘기가 아니다. 타인을 배려하고 깊은 대화의 희열을 아는 사람, 주어진 환경에 불만을 터뜨리기보다 균형감 있게 현실의 양면성을 인정하고 중심을 잡는 사람은 SNS에서도 그 좋은 에너지가 드러난다.

SNS에 무엇을 올릴지 고민된다면 친한 친구와 만났을 때 대화를 나누고 싶은 주제를 생각해보라. 내가 경험하지 못한 것을 알고 싶고, 내가 모르는 좋은 장소, 음식, 생각을 보고 싶어서 SNS를 탐색한다.

SNS 계정에 일과 일상을 모두 올려도 될지 고민이라면 둘 다 올려야 한다고 답하고 싶다. 일과 일상을 무 자르듯 깔끔하게 분리할 수는 없다. 일도 결국 내 삶의 일부다. 그 둘을 통합하지 않고서는 나의 매력이 온전히 드러나지 않는다.

정확한 계산, 빠른 실행은 이미 AI가 알아서 해주는 시대다. 이제 우리는 그보다 매력적인 사람 냄새가 나는 상대와 일하고 싶어 한다. 일에서 감정을 쏙 빼고, 자기 얘기에 입을 꾹 닫고, 일만 기계적으로 처리하는 사람에게는 어쩐지 거리감이 느껴진다. 이 사람이 도대체 무슨 생각을 하는지, 나에 대해서는 어떻게 생각하는지, 나랑 계속 일할 마음이 있는지 등 의문이 생기면 일처리가 아무리 정확해도 신뢰감이 가지 않는다. 감정을 드러내지 않는 사람과 일하면 감정 비용이 오히려 더 든다.

내가 생각하는 좋은 SNS 기록법은 일과 일상을 적절히 드러내는 것이다. 이를 위해서는 반구 형태의 짐볼 위에서 중심을 잡듯 끊임없이 균형을 맞춰야 한다. 누구든 일에서 겪는 고민은 엿보고 싶어 하지만, 얼굴도 모르는 남의 회사 동료 뒷담화는 굳이 알고 싶어 하지 않는다. 나와 비슷한 다른 마케터들은 주말에 어디에서 무엇을 먹고 누구를 만나며 즐거운 영감을 충족하는지 궁금해하는 정도면 충분하다. 굳이 더 드러낼 필요도 없다.

회식 때마다 부모의 이혼과 가족 갈등에 대해 격앙된 목소리로 감정을 표출해서 분위기를 어색하게 만들던 동료가 있었다. 어느 순간부터는 그가 솔직함을 가장해 우리를 감정 쓰레기통으로 대하는 것은 아닐까 의심스러웠다. 우리는 자신의 일을 책임감 있게 잘 해내면서도 일상을 균형 있게 살아내는 어른스러운 사람과 친구가 되고 싶다. 적당히 솔직해서 매력적이고 적당히 감춰서 안심이 되는 중심이 잡힌 SNS 계정을 보면 팔로우하고 싶어진다.

SNS로 자신을 똑똑하게 브랜딩한 사람들에게는 균형감과 더불어 또 하나의 공통점이 있다. '멋진 모습'과 '못난 모습'의 간극을 좁히려는 노력을 숨김없이 드러낸다는 것이다. 일잘러의 면모와 빈틈 있는 인간미를 동시에 보여주며, 제자리에 머무르지 않고 조금씩이라도 성장하기 위해 애쓰는 사람들의 이야기를 보면 저절로 응원이 나온다.

멋있는 사람보다 더 강력한 힘을 가진 사람은 '응원하고 싶은 사람'이다. 완벽한 모습만 보여주는 사람은 작은 실수에도 비난

멋진 모습과 못난 모습의 간극 좁히기

멋진 모습	- 일에서 무엇을 배우고 어떻게 성장했는지 기록한다. - 일하면서 고마웠던 사람들, 도움을 줬던 사람들을 잊지 않고 언급한다.
못난 모습	- 실패한 프로젝트를 고백한다. - 일하면서 관계가 틀어졌던 에피소드를 공유한다.
간극을 좁히는 노력	- 실수를 했을 때 왜 그랬는지, 다음에는 어떻게 보완할 수 있는지 복기한다. - 반복되는 실수를 고치기 위해 어떤 노력을 하고 있는지 기록한다.

받기 쉽지만, 솔직하게 실수를 인정하고 이를 만회하기 위해 노력하는 사람은 그 실수가 오히려 응원을 불러일으키기도 한다.

내가 좋아하는 인플루언서를 떠올려보자. 구독자가 많은 유튜버도 실패와 좌절을 경험하고, 화려한 커리어를 가진 전문가도 악플에 상처받는다. 그럼에도 그들은 실수와 실패하는 과정을 솔직하게 드러내고 계속 성장하기 위해 노력한다. 그런 모습에서 우리는 용기와 위로를 얻는다.

기록을 쌓아 나를 브랜드로 만드는 일에는 완성이 없다. 열심히 달려서 결승선에 도착하면 끝이 나는 레이스도 아니다. 끝도 방향도 정해져 있지 않기에 계속해서 달려 나가야 하는 과정 자체가 브랜딩이다. 그래서 이 달리기에는 타인의 시선이나 세상의 기준이 아니라 '나만의 질문'과 '나다운 문제 해결 방식'이 필요하다. 그것을 잃지 않는다면 이미 우리는 브랜드를 만들어가고 있는 것이다.

우리의 용기 있는 과정은 분명 누군가에게 위로와 힘이 된다. 그러니 고민하지 말고 너무 눈치 보지 말고 오늘의 한 걸음을 기록하고 공유하자.

2장에서는 번뜩이는 영감의 순간을 놓치지 않고 메모하고, 메모를 기록으로 변환하고, 기록을 콘텐츠로 만들어 나라는 브랜드를 쌓아가는 과정을 살펴보았다. 각 단계에서 필요한 도구와 실천 방법도 아울러 소개했다.

<나라는 기록이 쌓이는 5단계 습관>

1. 영감을 놓치지 않는 15초 기록 루틴
2. 정말 중요한 것만 남기는 기록 디톡스
3. 미래의 나를 위한 기록 아카이빙 정리
4. 기록 조각을 엮어 콘텐츠로 남기는 법
5. 나만의 콘텐츠로 나라는 브랜드 만들기

이제 우리는 기록을 브랜드로 바꾸는 원리를 이해했다. 배움을 실천으로 바꾸는 과정에서 SNS 활용법, 나만의 키워드를 발굴하는 법, 포트폴리오를 과정 기록으로 사용하는 법 등 여러 궁금증이 들 것이다. 3장에서는 2장에서 배운 내용을 실천하기 위해 꼭 필요한 액션들을 사례와 함께 더 구체적으로 다뤄보려 한다.

나에게 맞는
기록 서랍 찾기

다양한 기록 앱 중 나에게 맞는 것은 무엇일까? 먼저 나의 기록 성향을 테스트해보자.

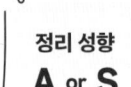
정리 성향
A or S

All-in-one
다양한 유형의 기록을
한곳에
모아두고 싶어.

Simple
유형별로
기록을 나눠서
정리하고 싶어.

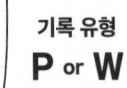
기록 유형
P or W

Photographer
이미지와
영상 기록을 주로
남기는 편이야.

Writer
텍스트 기록을
주로 남기는
편이야.

기록 성향
O or E

On my own
나에게 맞는
템플릿을 직접 만들어서
기록할래.

Efficient
기본 템플릿도 괜찮아!
빠르고 쉽게
기록할래.

공개 범위
K or C

Keep
나만 보는 기록을
마음 편히
남기고 싶어.

Connect
봐주는 사람이 있어야
꾸준히 재미있게
기록할 수 있어.

나의 성향을 확인하고, 나에게 맞는 기록 서랍을 알아보자.

**디지털
다꾸형
(AO)**

남들과 똑같은 템플릿은 못 참는 디지털 다꾸형!
노션으로 나에게 맞는 기록 템플릿을 만들어 사용해보자.

**예비
작가형
(SWK)**

글쓰기에 진심인 예비 작가형!
글에 집중할 수 있는 노트 앱이 딱이야.
에버노트, 원노트, 업노트 등 다양한 앱을 시도해보자.

**포토그래퍼형
(SPK)**

사진에 진심인 포토그래퍼형!
많은 양의 사진을 정리할 수 있는 구글 포토, 구글 드라이브, 네이버 마이박스 등 클라우드를 활용하자.

**블로거형
(AWC)**

댓글과 좋아요에 힘을 얻는 블로거형!
사진, 글, 링크, 영상을 하나의 포스팅에 담을 수 있는 블로그에 기록하자.

**극효율
중시형
(E 100%)**

기록은 역시 데이터로 관리하는 맛, 극효율 중시형!
구글 스프레드 시트에 모든 기록을 정리하자.

3장

나만의 기록이 통하는
콘텐츠가 될 때

키워드부터
찾아야 하는 이유

✦ 꼭꼭 숨은 내 키워드, 어디서부터 찾아야 할까

"하고 싶은 일과 하고 있는 일이 다르다면 어떻게 해야 할까요?"

커리어 강의에서 가장 많이 받는 질문이다. 주변을 둘러보면 '덕업일치'의 기쁨을 만끽하며 일하는 사람보다 하고 싶은 일은 따로 있지만 경제적 이유나 사회적 평판 때문에 다른 직업을 가진 사람이 더 많다. 정신없이 업무에 적응하고 숨을 돌릴 때쯤이면 내면 깊은 곳에 넣어두었던 마음이 떠오른다.

'아… 내가 하고 싶은 일은 이게 아니었는데. 언제까지 이 일을 해야 하는 걸까. 이러다 이도저도 못하고 시간만 흘려보내면 어쩌지. 월급이라는 마약에 중독된 것 같아.'

이 책을 읽는 이유도 비슷할 것이다. 하고 싶은 일을 찾아 나답게 일하며 안정적으로 살고 싶은 마음. 회사에 휘둘리지 않는 대체 불가능한 사람이 되고 싶은 마음. 이런 마음에 기록으로 브랜드가 되자고 말하는 책을 집어든 것 아닐까.

'하고 있는 일'과 '하고 싶은 일'이 맞닿은 교집합의 면적은 사람마다 다르겠지만 접합면이 없으면 자의든 타의든 그 일을 계속하기는 어렵다. 지금 하는 일에서 돈도 벌고, 재미와 의미도 느껴야 한다. 콘텐츠를 쌓아 브랜드를 만드는 일도 똑같다. 내가 하고 싶은 이야기와 사람들이 듣고 싶어 하는 이야기 사이에 집짐이 필요하다. 공감을 불러일으키지 못하고 하고 싶은 이야기만 계속하면 직업적 가능성을 발견하기 어렵다.

그래서 많은 크리에이터가 첫 시도로 사이드 프로젝트를 선택한다. 지금 하는 일로 생계를 해결하며 퇴근 후에는 이런저런 시도를 해보는 방식이다. 그렇게 사람들이 듣고 싶어 하는 이야기를 알아낸 다음 퇴사하고, 전업 크리에이터로 콘텐츠를 뾰족하게 발전시키는 경우가 많다.

이번 장에서는 2장에서 쌓은 기록으로 내가 하고 싶은 이야기와 사람들이 듣고 싶어 하는 이야기 사이의 접점을 찾는 방법을 이야기하려고 한다. 이를 위해서는 먼저 명확한 '내 키워드'부터 찾아야 한다. 여기에는 두 가지 접근법이 있다. 첫째, 사람들이 좋아하는 것 중에서 내가 하고 싶은 것을 찾기. 둘째, 내가 하고 싶은 이야기 중에서 사람들이 원하는 것을 찾기. 내가 추천하는 방법은 두 번째로, 명확한 내 키워드부터 찾는 것이다.

타인의 시선을 먼저 의식하다 보면 내 욕망과 타인의 욕망을 구분하지 못하고, 유행을 좇아 뻔한 이야기만 하게 된다. 유행하는 주제를 겉핥기 식으로만 다루며 구독자 수와 조회 수 같은 수치 성과에만 집착하게 된다. 그러나 어떤 일이든 곧바로 성과가 나오지 않는 지난한 구간을 통과해야만 비로소 그다음 단계로 넘어갈 수 있다.

그러려면 내 키워드를 스스로 찾아야 한다. 어떻게? 나도 모르는 내 안의 키워드는 그 누구도 찾아줄 수 없다. 유명한 자기계발 코치나 컨설턴트를 찾아간다고 해도 정답을 알려주지는 않는다. 그들은 의뢰인이 스스로 키워드를 찾을 수 있도록 좋은 질문을 던지고 인내심 있게 기다려주며 격려할 뿐이다.

스스로 키워드를 찾는 과정은 '내가 남긴 과거 기록 다시 보기'라고 부른다. 의식적으로든 무의식적으로든 인간은 호모 아키비스트(Homo Archivist), 즉 기록하는 존재다. SNS에 올리는 사진과 영상, 메모, 친구들과 주고받는 메시지, 회사에서 쓰는 보고서와 메일까지. 이미 넘치는 기록 가운데 키워드를 발굴하고 조합하는 과정을 거치면 나만의 브랜드를 만들 수 있다.

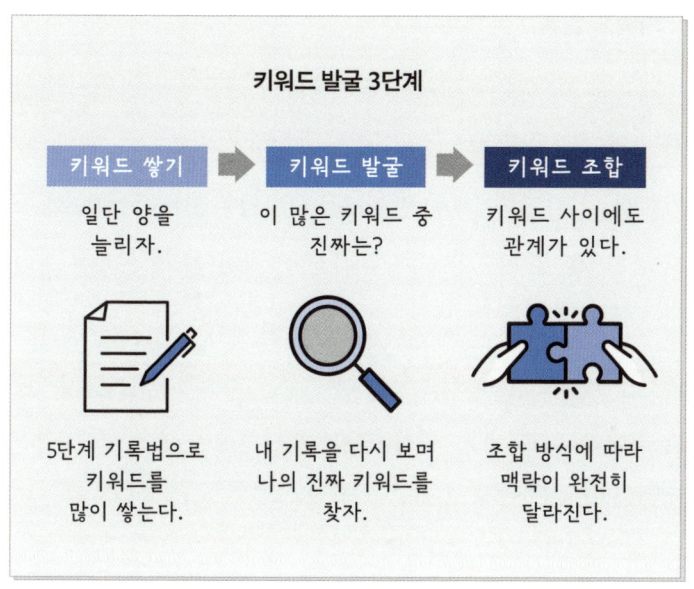

지금부터는 나만의 키워드를 발굴하는 3단계를 자세히 알아볼 것이다.

키워드 쌓기

2장에서 소개한 5단계 기록법을 성실하게 실천했다면 기록이 알아서 차곡차곡 쌓여 있을 것이다. 그 안에는 꽤 많은 키워드가 숨어 있다. 현대사회는 기록이 부족한 게 문제가 아니라 정리되지 않은 기록이 너무 많은 게 문제다.

키워드 발굴

기록을 보면서 두 가지 유형의 키워드, 즉 직접 키워드와 간접 키워드를 찾아낸다.

직접 키워드는 기록에 반복해서 등장하는 단어다. 빈도와 강도를 기준으로 찾으면 된다. 예를 들어 커피, 요가, 명상을 좋아한다면 기록에 이 단어들이 자주 등장할 것이다.

간접 키워드는 겉으로 드러나지 않은 의도와 마음을 읽어내는 것이다. 커피, 요가, 명상이라는 직접 키워드에 숨어 있는 간접 키워드는 혼자만의 시간이나 휴식일 수 있다. 나의 진짜 키워드는 직접 키워드보다 간접 키워드일 확률이 높다. 간접 키워드는 내가 하는 말과 행동의 동기이기 때문이다. 간접 키워드를 찾으려면 인내심을 갖고 스스로에게 끊임없이 질문해야 한다. 챗GPT처럼 사람도 좋은 질문을 던져야 좋은 대답을 내놓는다.

키워드 조합

발굴한 키워드로 관계도를 만든다. 모든 키워드가 다 똑같이 중요할 수는 없다. 대표 키워드를 찾고, 나머지 키워드를 그 주변으로 그룹화한다. 다른 키워드를 아우르는 대표 키워드, 중요도가 높은 핵심 키워드를 정해서 하나의 문장으로 조합한다.

예를 들어 여행, 사진, 일상이라는 키워드를 요리조리 바꿔보

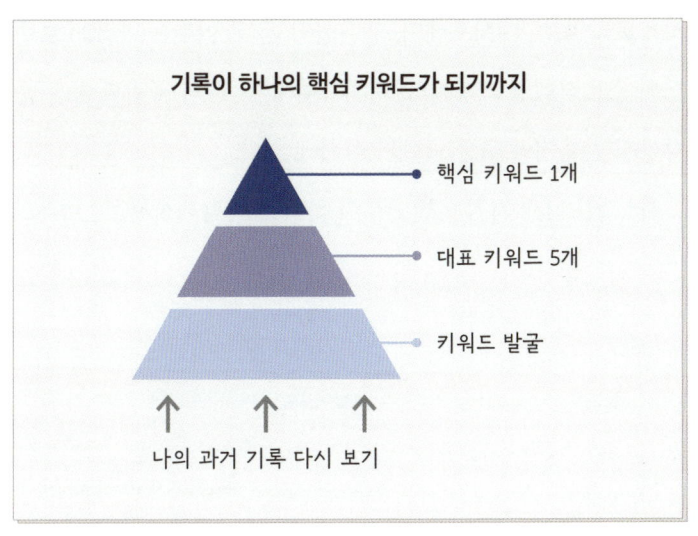

면 다른 의미의 조합을 여러 개 만들 수 있다. 조합 방식에 따라 핵심 메시지, 타깃, 내용이 모두 달라진다. 키워드 사이의 '관계'가 서로 부딪히며 새로운 '의미'를 만들어내기 때문이다.

<키워드를 조합해서 새로운 의미 만들기>
- 일상을 여행으로 만드는 사진 찍는 법
- 여행하는 일상을 사진으로 기록하다
- 사진 찍는 게 일상인 여행가

이렇게 만들어진 문장은 앞으로 내가 만들 브랜드의 핵심 메시지로 슬로건, 캐치프레이즈, 미션이 된다. 이것이 나라는 브랜드의 스토리텔링 과정이다. 키워드를 찾는 데서 끝내지 않고 문장까지 만들어야 하는 이유가 여기에 있다.

자, 그럼 이제 키워드 발굴부터 하나씩 시작해보자.

과거, 현재, 미래의 기록에서
키워드 발굴하기

✦ **키워드 발굴에도 규칙이 있다**

 키워드 발굴을 본격적으로 시작하기에 앞서, 키워드 발굴 규칙을 먼저 짚어보자. 갯벌에서 바지락을 캐려면 무엇이 바지락인지부터 알아야 하듯이 무엇이 키워드인지부터 알아야 한다.
 예를 들어 '책임감 있게 일하는 10년 차 직장인'은 키워드일까? 아니다. 키워드는 한 단어여야 한다. 키워드 발굴 단계에서부터 단어를 조합해서 구(phrase)나 문장으로 표현해버리면 나중에 핵심 키워드를 제대로 조합할 수 없다.

 <키워드 발굴 규칙>
 - 키워드는 단일한 명사, 동사, 형용사여야 한다.

<키워드 예시>

- 명사: 콘텐츠, 정리, 기획, 교육

- 동사: 수집하다, 분석하다, 설명하다

- 형용사: 꼼꼼하다, 다정하다, 성실하다

  키워드 발굴 규칙을 숙지했다면 이제 고고학자가 되었다고 생각하고 내가 남긴 기록들을 조사하러 가보자. 시간 여행을 하듯이 과거와 현재, 미래를 모두 탐험해야 한다.

  왜 꼭 기억도 희미한 10대, 20대 시절까지 다시 파헤쳐 봐야 할까? 나라는 사람은 계속 달라졌지만 그 안에 변하지 않는 모습도 분명히 존재한다. 송길영 작가는 이를 '본진'이라고 표현했다. 어릴 적부터 좋아했지만 사회의 압력과 타인의 기대에 부응하느라 잊고 있었던 나의 본진, 본령, 본질은 무엇일까? 밖에서 주입받은 타인의 욕망에 익숙해지다 보면 내가 좋아했던 것, 대가 없이 몰입했던 것이 무엇이었는지 잊게 된다. 키워드 발굴은 그 본진을 찾으러 떠나는 시간 여행이다.

  그렇다면 또 왜 굳이 미래의 나까지 파헤쳐야 할까? 아직 오지 않은 미래의 기록은 어떻게 볼 수 있을까? 미래 기록을 본다는 말은 미래의 내 삶을 상상하며 기록한다는 뜻이다. 이를 통해 현재의 내가 가진 욕망을 들여다볼 수 있다.

내가 남긴 기록에서 키워드 발굴하기

| 과거 | 그때 나는 '왜' 그랬을까?
: 생활기록부, 성적표, 대학 전공, 오래된 일기 |

| 현재 | 지금의 나는 '어떻게' 살고 싶은가?
: 가계부, 시간 기록표, 최근 일기 |

| 미래 | 앞으로 나는 '무엇을' 하고 싶은가?
: 목표, 계획, 꿈 |

과거 기록을 보면서는 '왜'를 묻는다. 왜 수업 시간에 선생님 몰래 친구와 교환일기를 썼을까, 왜 그렇게 공부를 열심히 했을까, 왜 일기에 그런 이야기를 썼을까, 왜 그 전공을 선택했을까, 왜 그 직무를 선택했을까, 왜 회사원으로서의 삶에 만족할 수 없었을까 등. 먼지 쌓인 기록 더미를 뒤져보며 나의 궁극적인 본질 키워드를 찾아보자.

현재 기록을 보면서는 '어떻게'를 묻는다. 지금의 일상을 돈, 시간, 감정 측면에서 바라보자. 나는 돈을 어디에 어떻게 쓰고 있나, 시간을 어디에 어떻게 쓰고 있나, 어떤 감정을 어떻게 느끼며 하루를 보내고 있나 등. 디지털 도구를 사용해서 현재 나의 돈, 시간, 감정을 세밀하게 살펴보자.

미래 기록을 보면서는 '무엇을'을 묻는다. 나는 어떤 꿈을 꾸고 있는가, 미래에 무엇을 이루고 싶고, 어떤 계획을 세우고 있는가 등. 미래의 기록은 아직 일어나지 않은 일이기에 더욱더 구체적으로 상상해야 한다. 미래를 생생하게 기록하고 회고할수록 그 꿈에 더 가까워질 수 있다. 꿈을 시각화한 기록인 '드림보드'에 내가 그리는 미래를 작성하며 내 욕망과 성향을 파악해보자.

✦ 의미 부여를 해야 숨은 키워드가 보인다

키워드를 발굴할 때 '무엇'에만 집중하면 꽁꽁 숨은 진짜 키워드를 찾을 수 없다. 구체적으로 어떤 경험을 했는지, 그 경험에서 무엇을 느끼고 배웠는지, 그렇게 배운 것을 어떻게 다른 일에 활용했는지 등을 더 깊게 파헤쳐야 한다.

의미 부여란 과거의 사건과 행동을 근원 욕망과 연결하는 작업이다. 과거에 나는 왜 그것을 했는지, 지금 나는 왜 이것을 하고 있는지, 미래에는 왜 저것을 꿈꾸는지 알아내야 한다. 의미 부여를 하지 않고 키워드만 발굴하다 보면 '내 키워드'를 찾지 못하고 타인의 시선으로 왜곡된 '남의 키워드'만을 수집하게 된다.

어떻게 시작해야 할지 막막하다면, 사례를 하나씩 살펴보자. 부끄럽지만 이해를 돕기 위해 나의 과거 기록을 사례로 가져왔다. 함께 보면서 직접 키워드와 간접 키워드를 골고루 발굴해보자.

나의 첫 일터는 보수적인 제조 대기업의 영업 본부였다. 신입사원 연수가 끝나고 부서 배치 면담을 거쳐 영업사원 교육팀에 배치되었다. 여기에서 겉으로 드러난 키워드는 대기업, 영업, 교육이다. 그런데 정말 이게 내 키워드일까? 조금 더 내면 깊숙이 들어가보자.

당시 나는 실패 없이 취업해서 하루빨리 사회로부터의 인정, 소속감, 안정적인 연봉이라는 보상을 받고 싶었다. 그래서 적성이나 성향을 고려하지 않고 되는대로 대기업에 지원서를 넣었고 그중 최종 합격한 기업에 입사했다. 대기업 영업 교육 직무로 첫 사회생활을 시작한 것은 그런 이유 때문이었다. 키워드 수집을 할 때는 이렇게 직접 키워드와 간접 키워드를 모두 찾아야 진짜 내 키워드를 발견할 수 있다.

지금부터 할 일은 열심히 모아둔 나의 기록을 하나하나 집어 들고 '왜', '어떻게', '무엇을'이라는 세 가지 질문을 끝까지 던져 보는 것이다. 파고 파서 더 이상 나올 게 없을 때까지 질문해야 한다. 귀찮다고 어설프게 끝내버리면 진짜 키워드는 오히려 더 멀어질 수도 있으니 끈질기게 물어보자.

✦ 과거 기록 다시 보기

키워드 발굴을 위해 일주일간 '과거 기록 다시 보기 주간'을 가졌다. 결혼할 때 본가에서 가져온 먼지 쌓인 편지, 상장, 생활기록부, 일기장 등이 담긴 기록 상자를 오랜만에 열어봤다. 그런데 기록 상자를 열자마자 실망했다. 밴드 클릭비와 중국 드라마 〈황제의 딸〉을 덕질할 때 직접 만든 스크랩북은 모두 버렸으면서, 학교에서 받은 상장과 생활기록부, 성적 통지표는 한 학기도 빠짐없이 모아두었기 때문이다. 공식적으로 인정받은 기록만 남긴 걸 보고 어릴 때부터 사회적 인정이 중요했던 내 성향을 파악했다.

→ 수집 키워드: 스크랩북, 공식적, 인정

상장과 성적표 사이에서도 눈에 띄는 기록을 발견했다. 열 살 때 썼던 판타지 소설은 공식적인 인정과 무관한데도 한 장 한 장 정성스럽게 출력해서 보관해두었다. 누구한테 보여준 적도 없는 이 소설을 소중하게 간직한 걸 보면 나는 어려서부터 내 글에 대한 애착이 강했던 것 같다.

→ 수집 키워드: 판타지 소설, 글, 기록

기록 상자를 더 뒤져보니 묵직한 서류 파일이 여러 권 나왔다. 자작 소설, 독서 감상문, 학급 문집에 실린 글, 음악회 감상문까지. '글'이라는 키워드가 선명하게 드러났다. 상장 파일 뭉치에서도 내 키워드를 보여주는 패턴을 발견했다. 유치원부터 고등학교 졸업까지 모은 68개의 상장 가운데 글쓰기, 독서, 방학 과제, 만들기가 압도적으로 많았다.

→ 수집 키워드: 콘텐츠, 글쓰기, 독서, 과제, 만들기

이번에는 일기장을 읽었다. 친구들과의 관계 고민, 전학 후 새로운 관계를 맺는 것에 대한 두려움이 빼곡하게 적혀 있었다. 그리고 늦은 밤 혼자 일기 쓰는 시간이 행복하다는 기록도 있었다. 나는 관계를 어려워했고, 그래서 시간을 두고 천천히 다듬을 수 있는 글이라는 매체에 의지했던 것 같다.

→ 수집 키워드: 내향인, 혼자, 관계, 두려움, 일기

20대의 기록은 조금 달랐다. 늘 꾸준히 뭔가를 기록했지만 남아 있는 게 별로 없었다. 노트북의 워드 프로세서에 기록했다가 노트북을 바꿀 때마다 함께 지워버렸기 때문이다. 남아 있는 기록들은 대학 강의 계획안, 리포트, 대외 활동 수료증, 입사 지원서, 근로 계약서처럼 주로 출력해서 파일 케이스에 따로 보관한

공식적인 기록들이었다. 삶을 결정하는 굵직한 선택에 대한 기록만이 남아 있었던 셈인데, 그렇다면 그 선택들의 의미를 물어야 했다.

나는 대학 전공으로 불어불문학과를 선택했고, 첫 직장으로 제조업 영업직을 선택했다. 모두 '인정'이라는 키워드와 연결된다. 경제학과나 국어국문학과에 진학하고 싶었지만, 대학 간판이 더 중요하다고 생각해 원하는 전공 대신 원하는 대학을 선택했다.

졸업 즈음에는 취업을 준비하면서 나의 경쟁력을 고민하다가 결국 안정적인 선택을 했다. 대기업 재계 순위대로 40개가 넘는 회사에 지원했지만, 서류 탈락 통보가 이어질 때마다 자신감도 함께 떨어졌다. 열 곳에서 연속 탈락하자 무슨 일이든 상관없으니 대기업이면 된다는 생각에 가장 채용 인원이 많은 영업 직무로 지원했다.

→ 수집 키워드: 인정, 명문대, 안전, 대기업

하지만 어렵게 들어간 회사에서 2년 만에 퇴사했다. 일을 시작한 후에야 비로소 나에 대한 고민을 진지하게 시작했고, 나와 맞지 않는 곳이라는 것을 깨달았다. 교육 업무 자체는 재미있었지만, 보수적인 조직 문화 때문에 힘들었다. 계획 없는 퇴사로 한동안 방황하다가 결국 다시 신입사원 공채로 두 번째 회사에 입사했다.

→ 수집 키워드: 교육, 대기업, 퇴사, 고민

다만 이때부터는 전략을 바꾸었다. 무작정 퇴사하기보다 퇴근 후의 시간을 활용하기로 했다. 아무것도 하지 않고 가만히 앉아서 나를 탐구해봐야 답이 나오지 않는다는 것을 깨달았기 때문이다. 브런치 글쓰기, 베이킹 클래스, 요리, 티 소믈리에 자격증 취득, 주니어 커리어 멘토링 활동을 하며 관심 있던 분야에 조금씩 발을 디더보았다.

→ 수집 키워드: 사이드 프로젝트, 브런치 글쓰기, 베이킹, 채소 요리, 티 소믈리에, 커리어 멘토링

✦ 현재 기록 다시 보기

현재 기록은 과거 기록에 비해 데이터로 꽤 촘촘하게 관리하고 있다. 크게는 돈, 시간, 감정으로 나눠서 기록한다. 가계부, 구글 캘린더, 일기를 훑어보며 지금의 나를 살펴봤다.

돈을 어디에 어떻게?

나는 가계부 앱으로 수입과 지출을 꼼꼼하게 기록한다. 카드 결제와 동시에 자동으로 입력되는 편리한 가계부 앱도 있지만 귀찮더라도 하나씩 직접 쓰는 방식을 선호한다. 그래야 수입과 지출이 발생할 때마다 의식적으로 인지하고 관리할 수 있기 때문이다.

2017년부터 2021년까지 5년 동안 나만의 콘텐츠를 찾고 키우는 데 1,000만 원 가까운 돈을 투자했다. 그 과정에서 관심사도 변화했다. 처음에는 카페 창업을 꿈꾸며 베이킹과 요리, 차 클래스를 들었고 SNS를 키우기 위해 디자인과 영상 수업도 들었다. 그러나 카페를 창업할 만한 실력이 없다는 것을 깨닫고 다시 커리어를 탐색하며 마케팅과 데이터 직무 강의, 영어 번역 강의를 들었다.

우연한 기회로 에세이를 출간한 후에는 퍼스널 브랜딩에 관심을 갖고 본격적으로 SNS에 콘텐츠를 올렸다. 최근에는 회사 밖 홀로서기를 준비하며 영어와 퍼스널 브랜딩 강의에 비용을 지출했다.

→ 수집한 키워드: 회사 독립, 커리어, 퍼스널 브랜딩, SNS, 코칭, 영어

month	유형	Hours	비중
3월 개인 작업		139.8	30%
	밑미 리추얼	26.0	6%
	부부 생활	50.5	11%
	외부 일정	33.3	7%
	운동	24.0	5%
	회사 업무	189.8	40%
	흘려보낸 시간	6.0	1%
3월 총계		469.3	100%
4월 개인 작업		130.3	28%
	밑미 리추얼	19.5	4%
	부부 생활	36.3	8%
	외부 일정	36.5	8%
	운동	25.0	5%
	회사 업무	206.8	44%
	흘려보낸 시간	12.5	3%
4월 총계		466.8	100%

• 깨어 있는 시간을 어디에 쓰는지에 대한 분석

시간을 어디에 어떻게?

나는 구글 캘린더로 시간을 관리하는데, 한 달이 지날 때마다 지타임리포트(GTimeReport)라는 프로그램으로 구글 캘린더 기록을 분석해 깨어 있는 열여섯 시간을 어떻게 보냈는지 정리한다. 지타임리포트는 구글 캘린더의 데이터를 스프레드 시트 형태로 정리해주는 무료 서비스다.

재택근무를 하며 회사를 다니던 2024년 3월과 4월에는 회사에서 쓰는 시간만큼이나 개인 작업에 쓴 시간이 많았다. 여기서 개인 작업이란 글 쓰고 책을 읽고 사이드 프로젝트를 하는 시간과 일상을 가꾸기 위한 활동(집안일, 샤워, 아침저녁 루틴)이 포함되어 있다. 이것으로 나를 위해 쓰는 시간을 중요하게 여긴다는 것을 알 수 있었다.

퇴사 후에는 회사 업무에 쓰던 시간을 제2의 직업을 위해 공부하고, 콘텐츠 만드는 데 썼다.

구글 캘린더에 시간 계획을 작성하고 실시간으로 업데이트하는 기록을 나는 '시계부'라고 부른다. 가계부에서 빌려온 표현이다. 가계부로 살림의 수입과 지출을 기록하듯 시간을 어디에 어떻게 썼는지 자세히 기록하고 싶어서 만든 기록법이다. 이렇게 꼼꼼히 들여다보면 미처 인식하지 못했던 삶의 우선순위가 파악된다.

→ 수집 키워드: 미니멀리즘, 공부, 리추얼, 크리에이터, 루틴, 운동

감정을 어디에 어떻게?

마지막으로 감정을 살펴보자. 나는 매일 아침저녁으로 일기를 쓰고, 매월 첫째 주 토요일 오전에는 한 달 동안 쓴 일기를 읽어보는 '한 달 회고'를 한다. 한 달을 돌아보면 짧게 느껴지지만 매일 쓴 일기로 되돌아본 한 달은 길다. 그러다 보면 다양한 감정 키워드가 눈에 들어온다. 그중 그 달에 유독 자주 기록한 감정을 키워드로 찾아서 '한 달 회고' 기록으로 정리한다.

다음은 퇴사를 고민하던 6월의 일기에서 수집한 문장이다.

- 6월 8일. 회사를 그만두고 싶은데 회피일까 봐 걱정돼. 나가서 불안함 때문에 시간을 제대로 보내지 못할까 봐 두려워. 그 시간이 지나고 다시 돈 버는 직업인으로 돌아가지 못할까 봐 두려워. 그렇다고 지금을 버텨내는 것은 무의미하게 느껴져.
- 6월 14일. 테트리스 해치우듯 일하는 건 소진감이 너무 크다. 도파민이 싫어서 유튜브도 릴스도 안 보는 나에게 슬랙 메신저는 너무 해로워. 안식년에 대한 생각이 점점 구체화된다.
- 6월 17일. 현재에 만족하고 내가 가진 것에 감사하라는 말과 새로운 도전을 하려면 손에 쥔 것을 놓아야 한다는 말이 어떻게 공존할 수 있나.
- 6월 19일. 안식년을 '드림이어(Dream Year)'라고 부르기로 했다. 배움과 성장에 몰입하는 시간이라고 재정의하고 나니 갑자기 에너지가 샘솟는다.
- 6월 20일. 도망일까 도전일까.
- 6월 21일. 도망이 아니라 도전이야.
- 6월 25일. 남편에게 7월까지 회사를 다니고 정리하겠다고 말했다.
- 6월 28일. 드림이어 기간에 시간을 효율적으로 써야 한다는 꿈을 꿨다. 압박감을 느끼고 있구나.
- 6월 30일. 이미 원하는 삶을 누리고 있는 사람의 마음이 되자.

→ 수집 키워드: 불안, 회피, 감사, 두려움, 압박감

✦ 미래 기록 다시 보기

회사에서의 롱런이냐 회사 밖 홀로서기냐, 두 선택지를 놓고 고민하던 때였다. 매일 밤 '드림보드'를 작성했다. 드림보드는 꿈꾸는 미래의 모습을 구체적으로 시각화한 기록이다. 단순히 '돈 많이 벌고 싶다', '성공하고 싶다'와 같은 막연한 목표를 쓴 글이 아니라 내가 원하는 바를 모두 이룬 어느 하루를 구체적으로 상상하는 기록이다.

드림보드의 장점은 나의 진짜 욕구와 타인의 욕구를 구분할 수 있게 해준다는 것이다. '돈을 많이 벌고 싶다'는 진짜 목표가 아니다. 돈을 많이 번다면 구체적으로 무엇을 누리며 살고 싶을까? 상상 속 미래의 나는 어떻게 하루를 보낼까? 바로 그것이 내 진짜 목표다.

나는 매일 쓰는 '매일 드림보드'와 분기마다 깊이 들여다보는 '분기 드림보드', 이렇게 두 종류를 작성한다.

매일 드림보드 작성법

원하는 미래의 하루를 상상해서 두세 줄로 정리한다. 이때 누구와 무엇을 어떤 감정으로 하고 있는지 구체적으로 떠올려야 한다. 이 기록은 구글 킵에 고정 메모로 설정해두고 매일 다시 보면서 내용을 조금씩 수정한다.

다음은 2023년 10월에 기록한 드림보드다.

> - 베스트셀러 책을 쓰고 싶다. 아침에 자연스럽게 눈을 떠서 세수하고 요가를 한 후, 음악을 들으며 책을 읽고 글을 쓴다. 그렇게 집중해서 서너 시간 정도 작업하면서 하루를 차분히 시작한다.
> - 회사를 20년쯤 더 다니고 싶고, 임원도 되고 싶다. 그러나 나를 회사라는 틀에 끼워 맞추면서 이를 악물고 버텨서 얻어내고 싶지는 않다. 나답게, 자연스럽게, 회사를 나에게 맞추면서 일을 장악하고 이끌어나가고 싶다.
>
> 동시에 프리랜서 작가가 되고 싶기도 하다, 하루를 온전히 '내가 발의한 프로젝트'로 채우고 싶다. 내가 집중할 수 있는 시간에, 집중할 수 있는 만큼, 집중할 수 있는 일을 하고 싶다.

→ 수집 키워드: 책 쓰기, 집중, 회사, 프리랜서, 작가

6개월 넘게 매일 드림보드를 쓰던 어느 날, 특별한 경험을 했다. 내가 꿈꾸는 삶이 당연하고 자연스럽게 나에게 주어진 삶처럼 느껴졌다. 베스트셀러 작가가 되지 않아도, 임원이 되지 않아도 지금 당장 내가 원하는 방식으로 살 수 있겠다는 확신이 들었다.

막연하고 무모한 용기가 아니었다. 매일 드림보드, 그리고 분

기 드림보드를 쓰면서 나의 계획을 '말이 되는 미래'로 구체화했기 때문이다.

분기 드림보드 작성법

첫 번째 단계에서는 인생에서 중요하게 생각하는 핵심 가치 다섯 개를 정한다(예: 성장, 배움, 균형, 자립, 자유). 매일 밤 드림보드를 쓰면서 자주 기록한 키워드도 다섯 개 찾아본다(예: 책, 프리랜서, 기록, 나다움, 집중).

두 번째 단계에서는 10년 후 목표를 구체적으로 상상해본다. 10년은 긴 시간이다. 당장은 실현 가능성이 낮아 보이더라도 꼭 이루고 싶은 목표를 생각해보고, 그 목표를 이룬 어느 하루를 상상해본다.

드림보드 워크숍을 해보면 어떤 집에서 살고 싶은지 상상할 때 꿈을 구체화하기 쉽다고들 말한다. 한 참가자는 10년 후 고향인 대전에서 사는 모습을 떠올렸다. 본가 근처 ○○아파트 20평형에 살면서 반려견과 함께 매일 ○○공원으로 산책을 간다고 했다. 그리고 그 말을 마치자마자 이제야 자신이 원하는 삶이 뭔지 알겠다고 털어놓았다. 서울에서 사는 이유는 고향에 내려가기 위해 열심히 일하며 돈과 커리어를 쌓고 싶었던 것뿐이었다고 말이다.

> **분기 드림보드 작성 4단계**
>
> **1단계 | 핵심 가치 정하기**
> 매일 드림보드에서 키워드를 고른다.
>
> **2단계 | 미래의 나 구체화하기**
> 10년 후, 5년 후 나의 모습을 상상한다.
>
> **3단계 | 선택과 집중**
> 내 삶에서 비울 것과 채울 것을 선택한다.
>
> **4단계 | 단기 목표 세우기**
> 1년, 한 달, 하루의 목표와 루틴을 설계한다.

　미래를 구체적으로 상상하는 것에는 마법 같은 힘이 있다. 지금 내가 이루기 위해 애쓰는 것, 그것을 이룬 나는 어떻게 살고 싶은가? 이미 그걸 손에 쥔 하루를 상상하면, 표면적인 욕망이 아니라 본질적인 욕망을 보게 된다. 그것을 마주하고 나면 더 빠르게 꿈을 향해 갈 수 있다.

　세 번째 단계에서는 꿈을 이루기 위해 비울 것과 채울 것을 선택해야 한다. 버려야 할 습관, 관계, 일, 생각이 무엇인지 생각해본다. 겉으로 드러나지는 않지만 생각과 행동을 지배하는 부정적인 무의식까지도 비워야 한다. 어린 시절의 트라우마, 아픈 경험, 상처도 끄집어내야 한다. 가장 어렵고 피하고 싶은 일이겠지만 꼭 거쳐야 하는 과정이다. 상처를 떠올리면 어떤 감정이 드는지 기록하며 그 감정을 충분히 느끼고 인정해준다.

그런 다음 어른이 된 내가 어린 시절의 나에게 전하고 싶은 위로의 말을 적는다. 상처를 애도하고 보내주는 작업이다. 나에게는 스스로를 치유할 힘이 있다. 이 질문들은 단번에 휘리릭 적기보다 시간을 갖고 천천히 생각해보기를 추천한다.

마지막 4단계에서는 꿈을 현실로 만드는 목표를 세워야 한다. 이렇게 충만한 나를 떠올렸다면 다음으로는 단기 목표를 세울 차례다. 1년 안에 달성 가능한 목표를 기록한다. 이것은 명확하고 측정 가능한 목표, 즉 실현 가능하면서도 원대한 목표를 말한다. 그리고 한 단계 더 나아가 한 달 목표와 하루 루틴을 설계한다. 하루 루틴을 짤 때는 시간 배분까지 해야 한다. 그래야 행동으로 옮길 수 있기 때문이다.

→ 수집 키워드: 1인 기업, 글, 책, 프리랜서, 크리에이터, 루틴, 리추얼

미래를 구체적으로 상상해보면 신기하게도 과거와 현재를 다시 볼 때보다 내 키워드가 더 명확하게 눈에 들어온다. 과거

와 현재에는 내가 통제할 수 없는 환경과 예측 불가능한 변수가 있다. 그래서 나의 경험임에도 키워드로 인정하고 싶지 않은 것도 있고, 상당한 시간과 노력을 투자한 경험인데도 중요하지 않은 키워드로 분류하는 경우도 있다. 하지만 미래는 온전히 앞으로의 선택만을 남기는 기록이라서 나의 의도와 그 결과가 일치한다.

누군가에게는 아직 일어나지 않은 미래를 상상한다는 게 막연할 수도 있다. 그럴 때는 이미지의 힘을 빌리는 것도 좋다. 인간의 뇌는 시각 정보를 텍스트 정보에 비해 6만 배 빠르게 처리한다. 그만큼 이미지는 기억에 잘 남고, 빠르게 이해된다. 휴대폰 사진첩에 '드림보드'라는 폴더를 만들어 꿈꾸는 삶의 모습과 비슷한 이미지를 찾아서 모아보자.

나는 회사 밖에서 자유롭게 일하는 사람들을 롤모델 삼아서 그들의 강연과 인터뷰 이미지를 드림보드 폴더에 수집했다. 꼭 실재하는 인물이 아니어도 상관없다. 내 폴더에는 디즈니 캐릭터 모아나가 파도를 가르며 항해하는 이미지, 밝은 햇살 아래에서 조깅하는 사람들의 이미지, 유유히 흘러가는 강물 이미지도 담겨 있다. 다양한 롤모델의 모습을 보면서 자유롭게 일하는 내 미래를 더 쉽고 강력하게 상상할 수 있었다.

• 휴대폰 사진첩을 이용한 드림보드

지금까지 키워드를 찾기 위한 긴 여정을 함께했다. 이제 이렇게 열심히 찾은 키워드로 세상에 나를 알릴 콘텐츠의 방향성을 잡아보자. 방대한 기록에서 키워드를 발굴한 경험이 있으니, 키워드를 조합해서 문장으로 표현하는 다음 단계는 훨씬 수월할 것이다.

노션 템플릿을 활용해 나만의 드림보드를 만들어보세요.

키워드를 엮어
뾰족한 메시지로 만드는 법

✦ 키워드 관계도 그리기

과거부터 현재, 미래까지 기록을 훑으며 나를 표현할 키워드를 찾아봤으니, 이제 키워드를 한 장의 지도로 만들어보자. 키워드 관계도를 그리면 여기저기 흩어져 있는 키워드 사이로 그동안 가려져 있던 길이 눈에 들어온다. 이 키워드를 마인드맵에 옮겨보자. 손으로 그려도 좋고 디지털 마인드맵 프로그램을 이용해도 좋다. 나는 주로 엑스마인드 무료 버전을 사용한다. 디지털 마인드맵은 수정이 간편하고 휴대폰, 아이패드, 노트북으로 언제 어디서든 열어볼 수 있어 효율적이다.

이번에도 사례를 같이 보며 한 단계씩 따라 해보자.

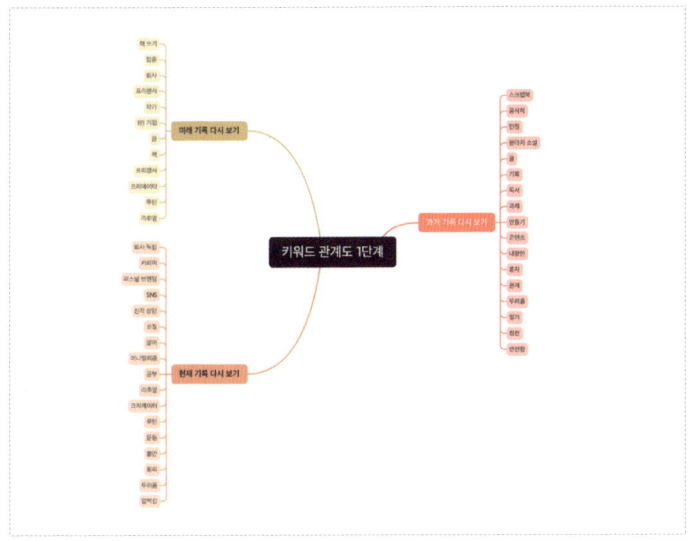

• 키워드 관계도 그리기 1단계: 나열

✦ **나열하기**

마인드맵에 '과거', '현재', '미래' 세 개의 주제를 생성한다. 그 하위 단계에 수집한 키워드를 모두 그대로 기록한다.

✦ **분류하기**

이제 키워드를 해체할 차례다. 시간순으로 분류된 키워드를 보면서 비슷한 속성끼리 그룹으로 묶어보자. 그룹의 이름은 키워드와 달리 단일한 명사, 동사, 형용사가 아니어도 괜찮다. 여러 키워드가 묶여 있기 때문이다. 그룹명을 만들 때는 기존 키워드를 조합해도 되고, 새로운 키워드로 연결해도 된다.

나는 네 개의 그룹명을 만들었다. '내 이야기 창작하기', '회사 밖에서 나답게 일하기', '나다움을 방해하는 감정과 환경', '배우고 성장하기'. 이 네 개의 그룹명은 기존의 키워드와 새로운 키워드를 조합한 것이다.

이 단계에서도 의미를 부여해 숨은 키워드를 한 번 더 발굴해야 한다. 처음에는 기록에 숨어 있던 키워드를 발굴했다면, 지금은 키워드 안에 숨은 진짜 욕구와 욕망을 들여다볼 차례다.

내 이야기 창작하기

일기, 만들기, 작가, 크리에이터와 같은 단어에서 그 뜻을 살려서 나, 이야기, 창작이라는 키워드로 변환해 조합했다.

회사 밖에서 나답게 일하기

1인 기업, 프리랜서라는 키워드로부터 회사 밖에서 일하고 싶은 욕구를 발견했다. 집중, 루틴, 내향인, 혼자, 미니멀리즘, 리추얼 키워드에서는 나만의 루틴으로 하루를 설계하고 방해받

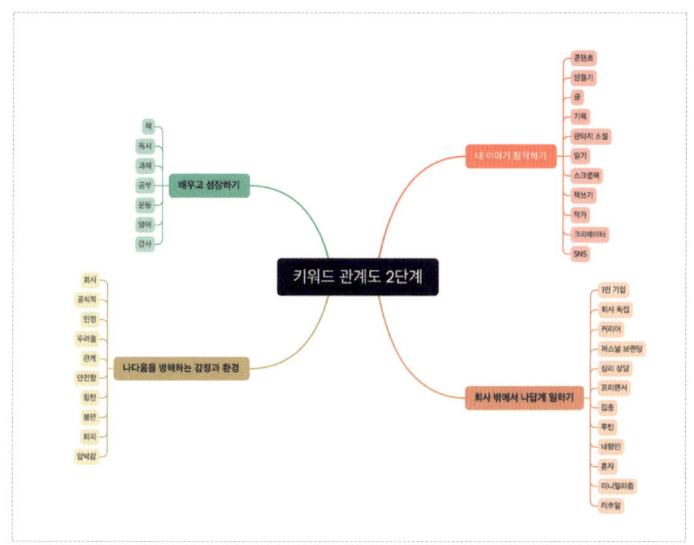

• 키워드 관계도 그리기 2단계. 분류

지 않은 채로 온전히 집중하고 싶은 욕구를 발견했다.

나다움을 방해하는 감정과 환경

　회사 밖에서 나답게 일하기 그룹에 넣을 수 없는 키워드가 있었다. 회사, 공식적, 관계라는 키워드는 나답게 일하지 못하도록 방해하는 요인들이었다. 회사의 공식적인 인정과 관계에서 나답게 일하지 못하는 요인을 찾아야 했다. 불안, 두려움, 인정, 안전, 칭찬 키워드였다. 인정받지 못할까 봐 불안했고, 칭찬받고 싶었고, 안전하게 일하고 싶었다. 이 키워드들은 회사 밖에서 홀로서기를 원하면서도 오래 고민한 이유를 설명해준다.

배우고 성장하기

과거, 현재, 미래에 공통적으로 포함된 키워드가 있었다. 책과 공부, 영어였다. 여기에서 배움과 성장이라는 키워드를 발견했다. 과제와 운동이라는 키워드도 이 그룹에 넣었다. 주어진 과제를 최선을 다해 수행하려는 욕구는 배움, 성장과 맞닿아 있기 때문이다. 운동 역시 성장을 위해 선택한 활동이라서 이 그룹에 넣었다. 심리적으로는 나와 타인 모두에게 감사하는 마음이 있어야 하므로 이 키워드도 포함했다.

✦ **연결하기**

스티브 잡스는 스탠포드대학교 졸업식 연설에서 "점을 연결하라"는 메시지를 전하며 점과 점을 연결하면 의미 없어 보였던 경험들이 나만의 스토리가 된다고 말했다. 각각의 동떨어진 키워드도 마찬가지다.

예를 들어 대학에서 불어불문학을 전공한 것과 기업에서 교

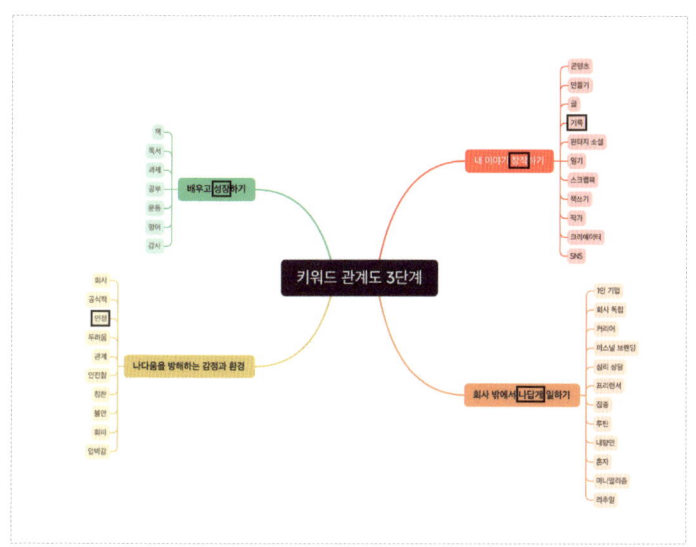

• 키워드 관계도 그리기 3단계. 언걸

육 및 마케팅 업무를 담당한 것은 언뜻 연관이 없어 보인다. 그러나 이 점들을 연결해보니 하나의 패턴이 보였다. 나는 글이라는 도구로 생각을 표현하길 좋아하고, 이 글로 다른 사람을 성장시킬 때 뿌듯함과 행복을 느낀다. 기업 교육에서는 교육 콘텐츠로, 마케팅에서는 카피라이팅과 프로모션 기획으로 이 욕구를 실현했다. 동료들을 움직이는 메시지, 고객의 마음을 여는 한마디를 찾아 고민했던 것은 모두 글로 긍정적인 변화를 만들고 싶다는 본질 욕구 때문이었다.

이렇게 삶에서 찍어온 점들을 연결하면 고유한 콘텐츠가 된다. 점 사이의 관계가 누구에게든 납득 가능하고 공감될 때, 이것은 사랑받는 콘텐츠가 된다.

문장은 키워드와 다르다. 하나의 문장에는 각자 역할이 다른 단어와 문장 성분이 존재한다. 주어, 목적어, 서술어로 구성되고 각각의 성분을 꾸며주는 형용사와 부사도 있다. 문장의 요소들은 서로 긴밀한 관계를 맺고 있다. 그래서 키워드를 문장으로 만드는 과정에서 키워드 간에 관계가 생기며 점은 선으로 연결된다.

이 과정은 세 가지 단계를 거친다. 핵심 키워드를 정하고, 핵심 키워드 옆에 어울리는 키워드를 퍼즐 맞추듯 배치하고, 키워드를 더해가며 구체화하는 것이다.

대표 & 핵심 키워드 찾기

2단계에서 만든 네 개의 키워드 그룹에는 많은 키워드가 들어 있다. 이 중에서 정말 중요하게 생각하는 대표 키워드를 다섯 개만 골라보자.

내가 고른 대표 키워드 다섯 개는 창작, 나다움, 성장, 기록, 인정이다. 그렇다면 이 중에서 가장 중요한 핵심 키워드는 무엇일까? 또 한 번 고통스러운 선택과 집중이 필요하다. 나는 '기록'

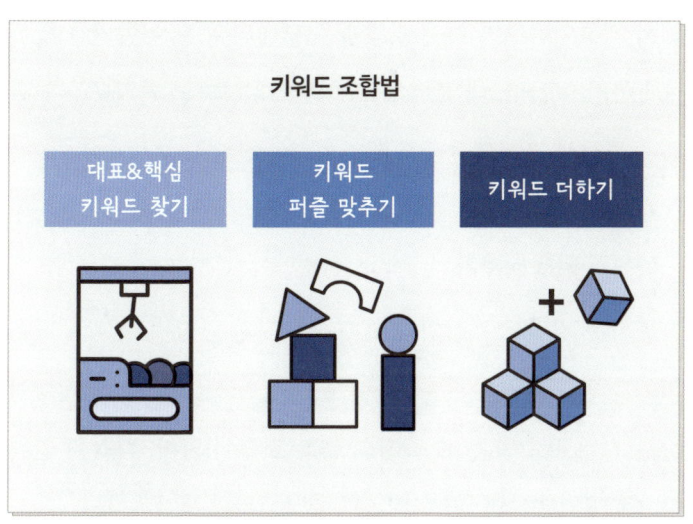

을 핵심 키워드로 선택했다. 회사 업무에서도, 사이드 프로젝트에서 자주 들었던 칭찬도, 나만의 일을 찾기 위해 노력했을 때도 모두 중요한 키워드는 '기록'이었기 때문이다.

　이때 주의할 점이 있다. 키워드로 자신을 표현하는 문장을 만들 때는 보통 포괄적인 의미를 가진 단어를 고르기 쉽다. 짧은 한 문장 안에서 자신의 가능성을 최대한 크게 표현하고 싶기 때문이다. 내가 고른 '기록'이라는 키워드 역시 범위가 넓다. 개인의 성장 기록부터 국가의 공공 기록까지, 아날로그 기록부터 디지털 기록까지 다방면의 의미가 포함된다. 기록의 대상, 방법, 주체가 무엇이냐에 따라서 메시지 역시 달라질 수밖에 없다. 그래서 기록이라고만 하면 사람들은 도대체 무슨 이야기를 할지 예측하기 어렵다. 내 콘텐츠를 선택하게 하려면 키워드를 명확하게 좁혀서 구체적인 주제를 보여줘야 한다.

키워드 퍼즐 맞추기

똑같은 키워드 조합이라도 퍼즐을 맞추는 방법에 따라 다른 의미를 만들어낼 수 있다. 아래에 기록, 노션(기록 툴), 마케팅이라는 키워드로 만든 세 가지의 문장 조합이 있다. 각각의 키워드 조합을 보면서 어떤 콘텐츠가 예상되는지 생각해보자.

1. 일 잘하는 마케터는 노션으로 기록합니다
2. 기록을 도와주는 도구, 노션의 마케팅 전략
3. 노션으로 기록한 요즘 마케팅 사례

키워드를 조합한 방식에 따라 말하고자 하는 주제가 달라진다. 이 차이가 독자와 나 사이의 거리를 다르게 만든다. 단 하나의 대표 키워드를 고르는 것은 콘텐츠에 대한 나의 의도와 독자의 기대 사이에 벌어진 거리를 좁히는 일이다.

위의 1번에서 핵심 키워드는 '기록'이다. 일 잘하는 마케터는 어떤 방법으로 기록하는지 소개하겠다는 기대감이 든다.

2번의 핵심 키워드는 '노션'이다. 노션이라는 도구를 만드는 회사는 어떻게 일하는지 알 수 있겠다는 기대감이 든다.

3번의 핵심 키워드는 '마케팅'이다. 다양한 마케팅 사례를 깔끔하게 정리된 기록으로 볼 수 있겠다는 기대감이 든다. 그래서 핵심 키워드를 먼저 정하고 나머지 키워드를 어떤 관계로 조합할지 결정해야 한다.

키워드 더하기

키워드 더하기를 배우고 나면 키워드 퍼즐 맞추기에 대해 더 쉽게 감을 잡을 수 있다. 핵심 키워드를 한쪽에 두고 다른 키워드를 하나씩 더하면 범위가 넓어 애매했던 핵심 키워드에 선명한 색이 입혀진다.

핵심 키워드로 중심을 잡고 앞뒤로 키워드를 더하는 것과 중요 키워드 몇 개를 동등하게 조합하는 것은 완전히 다른 결과물을 도출한다. 이것은 과녁을 똑바로 보고 화살을 다섯 번 쏘는 것과 아무 데나 바라보며 화살을 다섯 번 쏘는 것의 차이와도 같다. 당연히 과녁을 제대로 겨냥한 다음 화살을 쏘아야 원하는 결과를 더 쉽게 얻을 수 있다.

핵심 키워드에 키워드를 더할수록 메시지가 좁고 뾰족해진다. 사람들은 모두를 위한 이야기보다는 '나'만을 위한 뾰족한

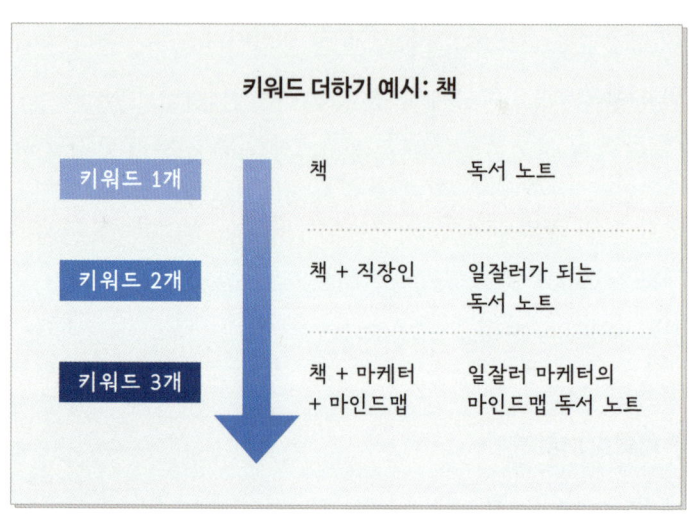

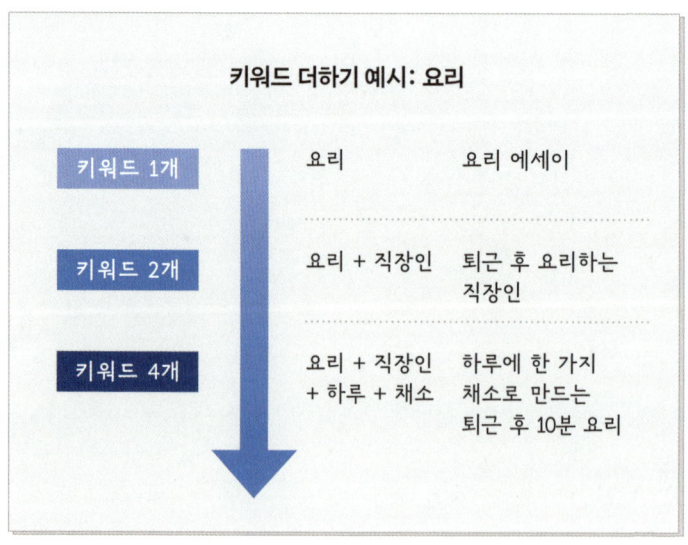

이야기에 관심을 갖는다. 키워드를 더하는 것은 모두를 위한 메시지에서 '한 사람'을 위한 메시지로 타깃을 좁히는 것이다.

퍼즐을 맞추고 키워드를 더하며 나의 키워드를 콘텐츠로 만들기 위한 뼈대를 갖추었지만 아직 뭔가 좀 부족해 보인다. 주제는 대충 보이지만, 그것이 사람들에게 필요한 이야기인지는 의문이다. 이제 내 글을 무관심하게 스쳐 지나치는 사람을 붙잡고 똑똑히 말해줘야 한다.

"내 이야기를 들으면 당신에게 도움이 될 겁니다! 재미든 정보든 감동이든, 당신이 원하는 바로 그것이 여기에 있거든요!"

지금까지 키워드로 문장을 만든 과정을 정리해보자.

<키워드를 엮어 메시지로 만들기>
1. 나열: 과거, 현재, 미래 기록을 다시 보며 나만의 키워드 찾기
2. 분류: 비슷한 키워드를 묶고 숨은 이야기를 발굴하기
3. 연결: 키워드를 조합해 하나의 문장으로 만들고 콘텐츠의 뼈대를 구축하기

타인의 욕망을 읽고
콘텐츠로 확장하기

✦ **내가 가진 것을 세상이 원하게 하라**

최인아책방의 최인아 대표가 쓴 책 《내가 가진 것을 세상이 원하게 하라》에는 '어떻게 쓰이고 싶은가'라는 질문이 나온다. 제일기획 부사장 출신인 그는 30년 가까이 광고인으로 일하다가 은퇴 후 책방 대표로 제2의 커리어를 이어가면서, 쓰인다는 말이 자신의 가치와 연결된다고 말했다. 잘 쓰인다는 말은 단순히 좋아하는 일을 잘하고 즐거워하는 것 이상이다. 내가 속한 곳을 더 낫게 만들고 함께하는 사람들을 돕는 일, 그래서 궁극적으로 나의 가치를 인정받는 일이 '잘 쓰인다'의 진정한 의미다.

잘 쓰이기 위해 지금부터는 '오디언스'를 끈질기게 붙들고 가야 한다. 오디언스란 우리의 콘텐츠를 봐줄 대상이다. 무엇을 말하든, 어디에서 말하든, 메시지에 귀를 기울여줄 대상이 바로 오디언스다.

기록과 콘텐츠의 차이가 바로 이것이다. '오디언스가 있는가'. 기록은 봐주는 사람이 있을 때 비로소 콘텐츠가 된다. 그래서 콘텐츠를 만들 때에는 오디언스를 정하는 것에서부터 시작해야 한다. 내 콘텐츠를 누가 봐주기를 기대하는가? 그들이 관심 갖는 이야기는 무엇인가?

3장을 시작하며 내가 하고 싶은 이야기와 사람들이 듣고 싶어 하는 이야기 사이의 접점을 찾아야 한다고 말했다. 내가 하고 싶은 이야기만 하면 들어주는 사람이 없고, 남들이 듣고 싶어 하는 이야기만 하면 쉽게 지쳐 오래 지속하기가 어렵다.

세상의 많은 문제가 나에게 집중해야 할 때 남을 의식하거나 남에게 집중해야 할 때 내 생각을 앞세우기 때문에 생긴다. 나에게 집중해야 할 때는 기록을 다시 보며 키워드를 찾을 때다. 이때는 세상이 원하는 것을 먼저 생각하지 말고 내가 어떤 사람인지 찾는 것에 집중해야 한다. 나를 중심에 두고 기록을 남긴 다음, 그 기록을 남에게 보여줘야 할 때는 중심을 옮긴다. 나의 오디언스에게 필요한 정보와 인사이트는 무엇일지 고민하는 것이다.

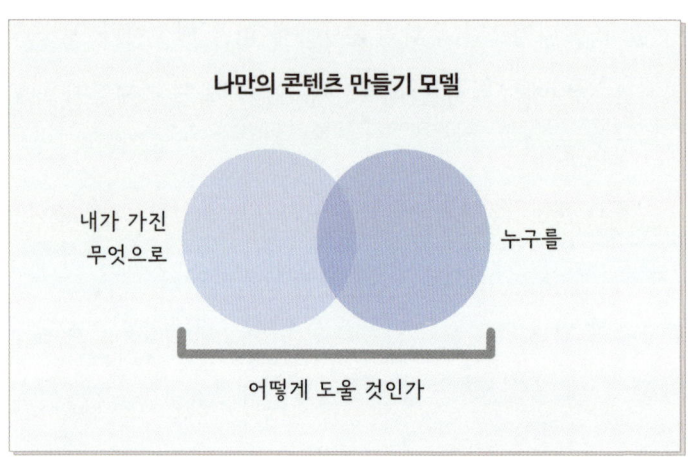

콘텐츠는 나와 오디언스 사이의 교집합 면적을 늘리는 작업이다. 내가 가진 소재 중에서 오디언스가 듣고 싶어 할 이야기를 찾아내고, 이를 어떻게 보여줄지 표현 방식을 고민해야 한다. 콘텐츠란 내가 가진 무엇으로, 누구를, 어떻게 도울 것인가에 대한 답이기 때문이다.

콘텐츠는 이렇게 둘 사이의 접점을 찾은 다음 알맞은 그릇에 담아 보여주는 작업이다. 내 이야기에 관심을 가질 대상은 누구일까? 이 질문에 답하려면 오디언스를 구체적으로 상상해야 한다. 오디언스 유형별로 어떤 콘텐츠를 제공할 수 있을지 예를 들어보자.

> **오디언스 유형별 콘텐츠 전략**
>
> 1. 독립 출판 경험이 있는 A의 콘텐츠
>   - 오디언스: 독립 출판을 해보고 싶은데 시작하는 방법을 모르는 사람들
>   - 콘텐츠: 독립 출판 전 과정을 같이 연습하는 워크숍
>
> 2. 5년 차 팀장 B의 콘텐츠
>   - 오디언스: 팀원들과의 소통, 업무 위임 방식을 고민하는 새내기 팀장들
>   - 콘텐츠: 링크드인에서 '팀장 노하우' 아티클 연재
>
> 3. 3년 차 프리랜시 디지이너 C의 콘텐츠
>   - 오디언스: 디자인을 어려워하는 비전공 입문자
>   - 콘텐츠: SNS 이미지를 쉽게 만들 수 있는 디자인 툴 활용법 영상

A, B, C의 사례를 보면서 누군가를 도울 만한 경험이나 내공이 없어서 고민된다면 걱정하지 않아도 된다. 나에게는 당연하고 사소해서 알려주기도 부끄러운 것이 누군가에게는 도움이 필요한 일이기 때문이다. 얼마 전, 국세청 홈페이지에서 사업자 등록을 하다가 홈페이지 메인 화면에서부터 막혀 유튜브를 검색했다. 1인 기업가와 프리랜서들이 '사업자 등록 혼자서 하는

방법' 영상을 유튜브에 많이 올려두었다. 세상에는 하고 나면 별일 아니지만 하기 전에는 뭐부터 시작해야 할지 전혀 감을 잡을 수 없는 일이 정말 많다.

평범한 일상생활에서도 마찬가지다. 자고 나면 새로운 기술과 프로그램이 쏟아져 나오는 시대다. 무엇이라도 일단 해봤다면 그것에 대해 이야기하고 알려줄 수 있다. 우리는 내가 아는 지식을 상대방이 모를 수 있다는 사실을 모른다. 무언가를 배우면 몰랐던 상태를 잊고 지금의 지식을 당연하게 여긴다. 보여줄 게 없어서 콘텐츠를 못 만드는 게 아니라 당연해 보이는 경험과 지식을 얻기 위해 과거의 내가 치열하게 노력한 일을 잊었을 뿐이다.

유튜브와 인스타그램에서 1분짜리 영상으로 사소한 팁을 알려주는 사람이 얼마나 많은가. '스테인리스 프라이팬 예열 없이 쓰는 법', '망고 예쁘게 자르는 법', '구글 캘린더 사용법' 등. 우리에게는 대단한 경험과 지식이 아니라 지금 내가 가진 것을 필요한 사람에게 잘 정리해서 전달하는 연습이 필요하다.

✦ 나만의 이름과 슬로건 정하기

내 이야기를 들어줄 오디언스까지 구체화했다면 이제 바깥에 공개할 나만의 이름과 슬로건을 정해보자.

커리어를 주제로 한 책이나 강연에서 자주 접하는 이야기가 있다. 내 일을 나만의 언어로 정의해보라는 것이다. 마케터, MD, 개발자처럼 사회가 만든 직무명에 얽매이지 말고 나만의 독보적인 관점으로 일을 이해하고 만들어야 하는데, 그 시작이 '내 일을 나만의 언어로 정의하는 것'이다. 우리가 앞에서 키워드를 발굴하고 조합하며 문장을 만든 것도 같은 맥락이다.

태어나면서 부모님께 받은 이름은 내가 선택할 수 없는 외부 환경을 상징한다. 국적, 성별, 외모처럼 노력으로 바꿀 수 없는 것들, 한 발 더 나아가 '돌이킬 수 없는 과거'도 지금의 나에게는 외부 환경이다. 출신 학교, 경력, 자산 역시 과거의 내가 만든 외부 환경이다. 물론 대학원에 진학할 수도 있고 커리어와 자산 규모를 바꿀 수도 있지만 시간은 되돌릴 수 없다. 하지만 과거는 지울 수도 없고 지울 필요도 없다.

여기에서는 현재에서 출발해 미래로 뻗어갈 새로운 정체성을 만들 것이다. 이 정체성은 기록을 다시 보면서 발견한 나의 과거와 본진에서 시작한다. 그러나 과거에 매여 있지 않고 미래를 향해 나아간다. 본명만으로는 나의 이야기를 다 담아낼 수 없다. 우리에게는 새 이름이 필요하다.

인스타그램, 유튜브와 같은 채널에는 나만의 이름을 쓰는 사람이 많다. 별명을 쓰거나 본명 앞에 새로운 수식어를 붙이는 사람도 있다. 3장에서 열심히 찾은 키워드를 재료로 우리도 새 이름을 만들어보자.

새로운 이름이 의미 있으려면 누구든 수긍할 만하고, 자주 불려야 한다. 나로부터 출발했지만 나를 넘어 타인에게 도착해야 한다. 다른 사람들은 자신의 일을 어떻게 정의하고 어떤 새로운 이름을 지어줬는지 살펴보면서 힌트를 얻어보자.

나만의 이름을 쓰는 사람들

- 스토리젠터

스토리(story)와 프레젠터(presenter)를 결합한 이름이다. 채자영은 전문 프레젠터로 일하며 배운 '나다운 말하기'를 기반으로 '브랜드 서사'로 영역을 확장해 강의와 컨설팅을 하고 있다.

- 커리어 액셀러레이터

커리어 업그레이드를 도와주는 사람이라는 의미다. 김나이는 커리어를 고민하는 사람을 위한 강의, 출판, 워크숍을 기획한다. 사회가 정한 일의 규칙에서 벗어나 나만의 방식으로 커리어에 액셀을 밟을 수 있도록 돕는다.

이름을 만들었다면 다음으로 슬로건을 정할 차례다. 슬로건은 오디언스에게 건네는 첫인사다. 이름으로 나를 인식시켰다면 슬로건으로 연결고리를 만들어줘야 한다. 내가 하는 이야기가 허울 좋은 말이 아니라 '당신에게 필요한 말'이라는 것을 알리는 작업이다.

<이름과 슬로건을 정할 때 생각해보기>
- 이름: 첫인상. 나의 오디언스가 나를 어떤 사람으로 인식하기를 바라는가?
  슬로건: 첫인사. 나의 오디언스에게 어떤 첫마디로 인사를 건네고 싶은가?

모든 오디언스는 삶에 변화를 주기 위해 콘텐츠를 소비한다. 즐거운 기분으로 하루를 보내기 위해, 신나게 주말을 보낼 장소를 찾기 위해, 지금보다 나은 회사로 이직하기 위해 필요한 콘텐츠를 찾아본다. 나의 오디언스는 내 콘텐츠로 어떤 변화를 만들고 싶은 욕망이 있을까?

슬로건은 "내가 바로 그 욕망을 실현해줄 사람"이라는 것을 보여주는 문장이다. 나의 키워드 중에서 무엇이 오디언스의 욕망을 자극할 수 있는가? 사례를 좀 더 살펴보면서 나의 슬로건을 어떻게 만들지 고민해보자. 사랑받는 브랜드는 자신을 어떤 이름과 슬로건으로 알리고 있을까.

<브랜드의 한 문장>
- 요즘 것들의 사생활: 세상이 말하는 정답 말고 나다운 삶의 레퍼런스
- 디에디트: 사는 재미가 없으면, 사는 재미라도
- 트레바리: 읽고, 쓰고, 대화하고, 친해져요

✦ 내 이름은 내가 가장 많이 불러줘야 한다

새롭게 만든 이름과 슬로건이 마음에 드는가? 마음에 쏙 드는 표현도 있겠지만 살짝 아쉬운 마음이 들기도 할 것이다. 이름과 슬로건을 만든 직후에는 아직 반쪽짜리 상태이기 때문이다. 그 이름과 슬로건을 자꾸 불러주고 외부에 알려야 비로소 나머지 반이 완성된다.

지금 바로 SNS 프로필을 업데이트해보자. 새로운 이름과 슬로건으로 내 소개를 수정하자. 그리고 기록을 다시 보며 발굴한 키워드를 포스트잇에 적어서 책상에 붙여두자. 앞으로 내가 만

들고 쌓을 콘텐츠는 그 키워드가 중심이 되어야 한다. 세상에는 좋아 보이는 것, 멋져 보이는 것이 너무나도 많아서 조금만 방심해도 금세 남의 키워드에 끌려가게 된다. 이것저것 욕심 부리다가는 내 것을 만들지 못한다. 2장 기록 디톡스에서 소개한 '워런 버핏이 우선순위를 정하는 규칙'을 다시 떠올려보자.

<워런 버핏이 우선순위를 정하는 규칙>
1. 이루고 싶은 목표 25개를 쓴다.
2. 자신을 성찰하면서 가장 중요한 목표 5개에 동그라미를 친다.
3. 동그라미를 치지 않은 20개를 살펴보고 무슨 일이 있어도 하지 않도록 피한다.

이 규칙을 '콘텐츠 만드는 규칙'으로 바꿔보자.

<콘텐츠 만드는 규칙>
1. 나의 키워드를 발굴하고 정리한다.
2. 자신을 성찰해가면서 대표 키워드 5개를 선별한다.
3. 대표 키워드 5개를 제외하고는 무슨 일이 있어도 욕심내지 않는다.

일상에서 떠오른 영감을 메모하고 기록으로 정리하는 것은 에너지를 많이 쓰지 않는다. 그러나 브런치에 올리는 긴 글, 유튜브 영상, 오프라인 워크숍과 같은 콘텐츠를 만들 때는 많은 시간과 에너지를 써야 한다. 관심 있는 여러 키워드를 기록하는 것과 그것으로 콘텐츠를 만드는 일은 다른 문제다. 콘텐츠를 만들 때 대표 키워드에 집중해야 하는 이유다. 오디언스 입장에서도 키워드가 너무 산발적이면 신뢰도가 떨어지고 제작자의 의도를 파악하기가 어렵다. 선택과 집중이란 무엇을 할지 고르는 게 아니라 무엇을 하지 않을지 배제하는 일이다.

그렇다면 평생 한번 정한 키워드만 붙잡고 있어야 할까? 물론 아니다. 이 키워드로 콘텐츠를 충분히 풀어내고 오디언스와의 관계를 맺었다면, 그다음으로 키워드를 확장하거나 다른 키워드로 전환하면 된다. 그러나 아직은 집중할 때이다. 게다가 우리가 찾은 키워드는 과거, 현재, 미래를 모두 탐색하며 찾아낸 나의 인생 키워드이므로 앞으로 10년 정도는 여기에 푹 빠져도 좋을 만큼 굳건해야 한다.

내 입장에서는 입이 마르고 닳도록 이야기한 주제라도 누군가에게는 낯설고 새롭다. 뇌과학자 장동선 박사가 평생 뇌과학 이야기를 한다고 해서, 이동진 영화평론가가 몇 십 년째 영화 이야기를 한다고 해서 지겨워하는 사람은 없다. 오히려 그 키워드에서 새로운 영감을 얻기 위해 영상이 업로드될 때마다 찾아보고 책이 출간될 때마다 구매하는 사람이 있다. 좋아하는 것, 내 인생의 본진을 키워드로 만들라고 말하는 이유다. 그만큼 오래 좋아해온 것이 아니라면 중간에 지칠 수밖에 없다.

나의 새로운 이름과 슬로건, 키워드를 지치지 않고 외칠 준비가 되었다면 이제 드디어 세상에 나갈 때가 되었다. 혼자만 보는 기록으로도 충분히 성장할 수는 있지만 어느 시점에 이르면 한계에 부딪힌다. 이때는 반드시 그다음 단계로 넘어가야 한다. 내 콘텐츠를 공유하고 피드백을 받을 때가 된 것이다. 나는 이것을 '기록의 선순환 시스템'이라 부른다. 기록하고 공유하고 피드백을 받아서 수정하고, 다시 기록하고 공유하는 사이클에 진입해야 다음 단계로 넘어갈 수 있다. 다음 장에서는 어떻게 일상에 기록의 선순환 시스템을 구축할 수 있을지 알아보자.

나라는 브랜드의 이름과
슬로건 정하는 법

키워드로 나만의 이름과 슬로건을 만드는 일은 나의 여정을 스토리텔링하는 작업이다. 브랜드의 정체성을 정하는 과정인 만큼 단번에 완성하기보다는 충분한 시간을 갖고 생각의 변화를 따라가보는 것이 좋다. 다음은 내가 2021년부터 2025년까지 이름과 슬로건을 바꾸며 고민한 과정이다.

2021년

- E커머스 ON-SITE 마케터

이 이름은 지원하고 싶은 회사의 채용 공고 가운데 멋져 보이는 포지션 명칭에서 가져왔다. 이때는 이 정도로도 브랜딩이 충분하다고 생각했다. 외부 제휴 프로모션, 서비스 기획 등 다른 업무도 다양하게 담당했지만 핵심 업무로 '이커머스 온사이트 마케팅'에 집중하겠다고 결심했다. 그러나 차별점을 강조하려면 '어떤' 이커머스 온라인 마케터인지 구체화해야 한다는 것을 깨달았다.

2022년

- 나답게 사는 경험을 만드는 마케터

- 데이터로 스토리텔링하는 마케터

차별점을 강조하기 위해 '어떤' 마케터인지 설명을 덧붙였다. 나답게 사는(물건을 사고, 삶을 산다) 경험을 주기 위해 고객 데이터를 분석해 스토리텔링으로 전략을 설계할 수 있다는 점을 강조했다. 몇 달 후, 다시 보니 직관적으로 와닿지 않아서 '데이터로 스토리텔링하는 마케터'로 바꾸었다. 데이터 활용 역량을 보여주기 위해 실무에서 활발하게 사용하는 SQL 자격증을 취득한 다음 포트폴리오에 추가했다. 회사에 다닐 때는 이 정도로도 충분히 차별화된 정의라고 생각했다. 이 제목을 단 포트폴리오로 이직에도 성공했으니 말이다.

2024년

- 이름: 나 기록 수집가

- 슬로건: 기록으로 나를 찾고, 키우고, 알리세요

퇴사 후 회사 이름과 직무가 아닌 새로운 언어로 나를 설명하는 과정에서 다시 고민이 시작되었다. 처음에는 '나 기록 수집가'라는 이름을 붙이고 '기록으로 나를 찾고 키우고 알리세요'라는 슬로건을 만들었다. 그런데 기록에 대한 정의가 사람마다 다르다 보니 해석 역시 각자 달랐고, 내 의도와 반대로 이해한 사람도 있었다.

기록이라는 키워드를 골랐으니 프리랜서로서 뾰족한 차별점을 만들었다고 생각했지만 아니었다. 마치 회사원이 아닌 마케터라고 직무를 콕 집어 설명했으니 예리하다고 우기는 거나 다름 없었다. '어떤' 기록을 다룰 것인지 더 날카롭게 다듬어야 했다.

혼자서는 답이 나오지 않아서 친구와 대화를 나누다가 생각지 못한 힌트를 얻었다. 친구는 내가 진행하는 온라인 워크숍에 참여했을 때 기록 디톡스라는 개념이 기존의 상식과 반대되는 제안이어서 무척 신선했다고 한다. 나에게는 너무 당연해서 차별점이라고 미처 생각하지 못했던 것이 남들에게는 새로울 수 있었다.

사회적인 분위기에서도 힌트를 얻었다. 하루 종일 카카오톡, 슬랙 메신저, 메일로 일과 삶을 기록하는 사람들에게 기록이란 귀찮은 숙제와도 같다. 이미 기록의 중요성을 잘 알고 있는 사람들에게는 기록 자체보다 기록 정리가 필요하겠다는 확신이 들었다.

2024년

- 이름: 디지털 기록 정리 코치

- 슬로건: 최소한의 기록으로 성장하세요

차별점을 떠올릴 때는 흔히 강점 중 무엇을 드러낼지 고민한다. 그러나 강점보다는 단점이 차별점이 될 때가 더 많다. 강점은 내 분야를 설명해주고, 단점은 나만의 차별점을 돋보이게 만들어준다.

나의 단점은 악필인 데다가 손글씨를 싫어한다는 것이다. 이를 차별점으로 뾰족하게 드러내기 위해 아날로그 기록을 내려놓고 디지털 기록에 집중했다.

체력이 약해서 기록을 많이 하는 것도 부담스러웠다. 기록을 위한 기록이 되지 않도록, 기록보다 정리에 집중하기로 했다. '적게 기록하고도 잘 써먹는 법'을 나의 차별점으로 강조했다.

나의 단점에서 디지털 기록, 정리, 최소라는 차별화 키워드를 찾아냈다. 그렇게 슬로건과 이름을 다시 붙였다.

2025년

- 이름: 기록으로 성장을 만드는 디지털 기록 코치

- 슬로건: 넘치는 시대, 최소 기록으로 성장하는 법

앞으로 우리가 하는 일의 정체성과 방향성은 계속 바뀔 것이고, 그에 맞춰 이름과 슬로건도 바뀌는 게 당연하다. 그 중심을 꿰뚫는 나만의 본진만 제대로 기록하고 정리하며 이해한다면 영역을 거침없이 확장하며 나를 입체적으로 스토리텔링할 수 있다.

4장

기록,
나라는 브랜드를 만들다

SNS 기록:
나를 알리는 가장 쉬운 방법

✦ **나선형 성장의 마법**

    2장에서는 15초 메모부터 시작해 기록을 쌓고 정리하는 5단계 기록법을 배웠다. 3장에서는 기록에서 나만의 키워드를 발굴하고 조합해 콘텐츠로 만드는 과정을 살펴보았다. 4장에서는 이렇게 만든 콘텐츠를 세상에 알리고 나만의 브랜드로 발전시키는 방법을 이야기하려고 한다.

    2장과 3장의 기록이 홀로 정리하고 발전시키는 것이었다면, 지금부터는 세상과 소통하며 성장하는 기록법을 소개한다. 내 안에 갇혀 있던 기록이 세상과 만나면 예상치 못한 기회가 찾아오고, 그 과정에서 자연스럽게 나라는 브랜드가 만들어진다.

    처음에는 이렇게 해서 언제 브랜드가 될지 답답한 마음이 들

수도 있다. 브랜딩은 키워드 발굴처럼 눈에 띄는 결과가 바로 나타나지 않기 때문이다. 그러나 기록하고 알리는 과정을 반복하다 보면, 제자리를 맴도는 것처럼 보이던 기록이 어느새 브랜드로 자라나는 것을 발견하게 된다. 이것이 바로 나선형 성장의 마법이다.

나선형 성장이란 2차원에서 보면 제자리를 맴도는 것 같지만 3차원에서 보면 점점 원의 지름이 커지면서 위로 상승하는 성장 모형을 말한다. 누구나 J자형와 같은 초고속 성장을 원하겠지만, 성장은 대부분 나선형으로 일어난다. 그렇다고 실망할 필요는 없다. J자형 성장보다 나선형 성장에 이전이 더 많기 때문이다.

성장이 너무 빠르면 나의 키워드를 깊게 발전시킬 기회가 없다. 키워드를 구심점 삼아 다양한 경험을 쌓고 내실을 다져야 하는데, 경험 없이 성장만 빠르다 보면 작은 변수에도 쉽게 무너지고 금방 밑천이 드러나서 어느 단계 이상 성장하기가 어렵다. 나선형으로 성장하면 경험과 기록을 한 겹 한 겹 탄탄하게 쌓아갈 수 있다. 시간은 좀 걸리지만 변화에 쉽게 흔들리지 않고 계속해서 발전한다. 이 책에서 다루는 브랜딩의 대상은 우리 자신이다. 앞으로 몇 십 년 넘게 꾸준히 성장해야 하는 만큼 단번에 성공을 약속하는 비책을 찾기보다 정공법으로 접근해보자.

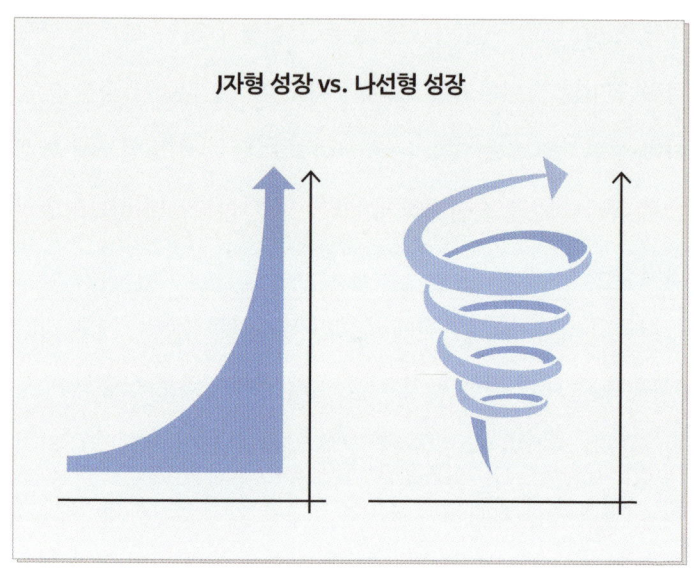

그 방법으로, 4장에서는 기록으로 브랜드를 만드는 선순환 기록 시스템 네 가지를 소개한다.

<네 가지 선순환 기록 시스템>

1. 기록과 공유의 선순환 시스템: SNS 활용하기

2. 기록과 회고의 선순환 시스템: 회고 시스템 설계하기

3. 기록과 성장의 선순환 시스템: 고민 해결 노트 기록하기

4. 기록과 기회의 선순환 시스템: 포트폴리오로 브랜딩하기

선순환 기록 시스템은 혼자만의 기록을 세상이 보는 기록으로 만들어줄 것이다. 우리가 그리는 원의 지름은 이 과정을 거치며 점점 커지게 된다.

처음에는 외롭고 불안할 수 있다. 방향성과 성장 속도에 확신이 들지 않을 수도 있다. 블로그 포스트 한두 개를 업로드하고 미약한 반응에 실망해 금세 그만두고 싶어질 수도 있다. 그래서 시스템이 필요하다. 외로움과 불안에 휩쓸리지 않고 꾸준히 몰입할 수 있는 환경과 시스템을 먼저 만드는 것이다. 지속적으로 동기부여를 받고 실천하려면 어떻게 시스템을 구축해야 할까?

✦ 혼자서, 그러나 외롭지 않게

브랜딩이라는 마라톤을 완주할 때까지는 방향성을 함께 고민하고 응원해줄 사람이 필요하다. 방에 홀로 틀어박혀 콘텐츠를 완성한 다음 짠! 하고 세상에 공개해서 단번에 주목받는 사람을 보면 부러운 마음이 들겠지만, 평범한 우리가 그 시간을 혼자서 견디기는 너무나 어렵다.

물론 내가 나를 위해 그 역할을 해줄 수도 있다. 하지만 때로는 믿을 만한 친구 몇 명에게 중간 과정을 보여주고 응원받거나 최대한 많은 사람에게 보여주고 피드백을 받고 싶기도 하다. 이럴 때는 친구에게 부탁하거나 컨설팅을 받는 방법도 좋지만 비용과 시간이 더 적게 드는 대안이 있다. 바로 SNS다.

나의 디지털 기록은 클라우드 기반 노트 앱으로 시작했지만, SNS로 확장하면서 더 즐겁게 기록 생활을 이어나갈 수 있었다. 맛있는 음식도 같이 먹으며 맞장구를 쳐야 더 맛있게 느껴지는 것처럼 기록도 반응이 있어야 쓸 맛이 난다.

게다가 SNS는 단순한 소통 도구를 넘어 나를 알리고 영향력을 키우는 플랫폼이 되었다. 기록으로 소통하고 나를 알리는 재미에 한때는 열한 개의 계정을 운영하기도 했다. 그러나 이내 무작정 여러 SNS를 활용하는 게 답은 아니라는 것을 깨달았다. 이제는 내 콘텐츠와 잘 맞는 플랫폼에 집중하고 꾸준히 기록한다. 처음부터 여러 SNS를 관리하기보다는 대중적인 메이저 플랫폼 하나와 나의 콘텐츠에 어울리는 소규모 플랫폼 하나를 선택할 것을 권하고 싶다.

먼저, 각 플랫폼의 특징을 살펴보자. 다음은 내가 활발하게 사용하는 SNS들이다.

인스타그램

국내에서 가장 많은 이용자를 보유하고 있는 SNS다. 그만큼 성장이 빠르고 콘텐츠 파급력이 크다. 최근에는 카드뉴스, 릴스 등으로 정보를 제공하는 계정이 많아졌고, 이미지와 영상으로 자신의 브랜드를 알리고 인스타그램 자체를 포트폴리오로 활용하는 홍보 콘텐츠 계정도 많아졌다. 그러나 글쓰기에 집중하고 싶다면 사진이나 영상을 올려야 한다는 점이 진입 장벽으로 느껴질 수 있다.

네이버 블로그

20~30대를 중심으로 블로그가 다시 인기를 얻고 있는데, 인스타그램이나 유튜브보다 깊이 있는 정보와 긴 호흡의 글을 보여줄 수 있기 때문이다.

알고리즘 추천이 아니라 검색 기반 노출이라는 점에서 인스타그램이나 유튜브에 비해 콘텐츠의 파급력이 낮지만, 그 점 때문에 오히려 부담 없이 시작할 수 있다. 많은 사람이 보지 않으면 가볍고 편안한 개인 기록 공간으로 느껴지기도 한다.

카카오 브런치스토리

타 플랫폼 대비 사용자 수가 적고, 작가 심사를 통과해야 글을 쓸 수 있다는 진입 장벽이 있다. 특히 에세이나 전문 지식을 공유하기에 적합한 플랫폼으로, 깊이 있는 콘텐츠를 선호하는 독자층이 형성되어 있다. 글쓰기 화면이 직관적이고 편리하며, 작가 간의 교류도 활발해 작가로서의 브랜드를 만들기 좋다.

유튜브

영상 기반의 플랫폼으로 콘텐츠 제작에 가장 많은 시간과 에너지가 투입된다는 점이 큰 부담이다. 가볍게 시작하기는 어렵지만 콘텐츠 파급력이 크고 수익화도 가능하다는 장점이 있다. 나도 유튜브를 시작하고 추천 알고리즘의 힘을 느꼈다. 인스타그램, 블로그, 브런치스토리 모두 5년 이상 열심히 활동했지만 팔로워가 4,000명을 넘기지 못했는데, 유튜브는 영상을 주기적으로 올리기 시작한 지 1년도 되지 않아 구독자 1만 명을 넘겼다. 빠른 시간에 브랜딩을 하고 싶고, 시간과 체력에 여유가 된다면 유튜브를 시작해보길 권한다.

링크드인

커리어 브랜딩을 하고 싶을 때 나를 알리기에 효과적이다. 업계 동향이나 직업과 관련된 전문 지식을 공유하는 글이 많다. 페이스북처럼 나와 관계를 맺은(1촌) 사람들이 반응한 게시물을 보여준다는 점에서 내 관심사만을 기반으로 콘텐츠를 추천해주는 유튜브보다 훨씬 더 네트워킹 성격이 강하다.

✦ 불완전할수록 매력적인 과정 기록

어떤 SNS를 선택할지 결정했다면 이제 글을 올리기만 하면 되는데, 여기서 또 어려움을 마주하게 된다. SNS에 올리기에는 콘텐츠의 완성도가 아직 부족하다고 느껴져서 업로드를 미루는 것이다. SNS는 개인 기록 서랍이기도 하지만 본질적으로 타인에게 내 기록을 보여주는 공개된 장소다. 보여주기 위해 올리는데, 볼까 봐 두려워지는 아이러니한 곳이다.

그러나 SNS에서 보여줘야 하는 것은 완벽한 결과물이 아니라 불완전한 과정이다. 물론 누군가 단편적인 기록만 보고 나를 오해하거나 성급하게 판단할까 봐 두려울 수도 있다. 틀린 생각은 아니다. 그렇다면 단면이 아니라 최대한 다양한 모습을 보여주면 어떨까? SNS에 나의 입체적인 모습을 보여준다면 그만큼 있는 그대로의 나를 이해할 수 있지 않을까?

트렌드 연구소 생활변화관측소의 분석에 따르면, 2018년에는 완벽해 보이는 일상을 보여주는 브이로그가 인기였지만,

2024년에는 있는 그대로의 일상, 실패 경험을 공유하는 브이로그가 더 큰 인기를 얻고 있다고 한다. 점점 치열해지는 경쟁 속에서 새로운 분야에 도전하다 보면 실패를 경험할 수밖에 없는데, 이럴 때 대처 방법을 알려줄 선배나 어른이 없다는 게 요즘 사람들의 고민이기 때문이다.

그러다 보니 보통은 타인의 경험에서 힌트를 얻는다. 뇌과학과 신경과학에서는 자아라는 개념이 애초에 타인과의 상호작용에서 생겨났다고 설명한다. 즉 남을 알아야 나를 알 수 있다는 것이다. 타인의 생활을 가장 손쉽게 들여다볼 수 있는 수단이 SNS다. 그래서 우리는 자신과 비슷한 고민을 하는 이들의 진솔한 기록을 찾는다.

이때 오디언스가 참여할 여지를 만들어주는 것이 중요하다. 오디언스와 함께 커뮤니티를 만든다고 생각해보자. 애정을 갖고 지켜보던 콘텐츠에 직접 참여까지 했다면 엄청난 애착을 갖고 응원할 수밖에 없다. 이것은 오디언스가 나의 콘텐츠를 보면서 자신에 대해 고찰하고, 그다음을 기대할 수 있게 만들어야 한다는 의미다. 내가 느꼈던 것과 도움받았던 것을 잘 정리해서 남들도 이걸 보고 도움받을 수 있게 하는 것이다.

'이렇게 다 공개하고 알려줘도 되나', '다들 나를 따라 하면 어떡하지'라고 걱정할 필요는 없다. 사람들은 머리로 알아도 의외로 잘 실천하지는 않는다. 오히려 자신의 경험을 아낌 없이 나누는 사람에게 더 깊은 신뢰를 보낸다. 혹시 나를 따라 해서 나를 위협하는 사람이 등장한다면, 내 콘텐츠의 영향력이 엄청나게 커졌다는 의미이므로 되레 축하할 일이다.

예전에는 사람들이 뛰어난 능력자의 팬이 되었다면, 이제는 나보다 반 발짝을 먼저 경험해서 나의 길잡이가 되어주는 사람의 팬이 된다. 그러니 우리의 불완전한 과정을 기록하고 나누는 것을 두려워하지 말자. 그 기록이 누군가에게는 지금 가장 필요한 위로와 용기가 될 수 있다.

✦ 성과를 기록하는 게 아니라 기록이 성과가 된다

과정 기록은 타인뿐 아니라 나에게도 새로운 기회를 만들어주고 나를 키운다.

나에게도 기록을 기회로 만든 경험이 있다. 2021년에 요즘에는 노션으로 포트폴리오를 만든다는 이야기를 들었다. 내 장점은 좋은 것이 있다면 금세 배우고 실행해보는 것인 만큼, 곧바로 노션으로 포트폴리오를 만들었다. 당시에는 노션 기능에 익숙하지 않아서 다른 사람들의 노션 포트폴리오를 레퍼런스로 먼저 검색해봤다. 템플릿은 어떻게 만들었는지, 폰트와 컬러는 어떻게 구성했는지, 어떤 단어를 사용했는지 등을 하나하나 보면서 따라 했다. 그렇게 2주 정도 시간을 들여 포트폴리오를 완성했다. 이후에는 제작 과정을 자세히 정리해서 브런치에 공유했다. 참고한 템플릿, 섹션 구성 이유, 노션의 활용 기능 등을 솔직하게 털어놓았다.

이 기록이 예상치 못한 기회로 이어졌다. 커리어 콘텐츠 플랫폼인 퍼블리에서 포트폴리오 만드는 법을 아티클로 만들게 된 것이다. 아티클을 쓰면서 포트폴리오도 더욱 발전시켰고, 이왕 고생해서 만든 김에 여러 채용 플랫폼에 올려 이직에도 활용했다. 그 결과 카카오 계열사로 입사하게 되었다. 이직 후에는 더 많은 기회가 찾아왔다. 강연 플랫폼과 매거진, 커뮤니티에서 포트폴리오를 주제로 강의를 하기도 했다.

누군가는 애초에 포트폴리오가 좋아서, 브런치에 올렸던 글이 좋아서 좋은 기회가 생긴 것 아니냐고 반문할 수도 있을 것이다. 아니다. 내가 공유한 첫 기록은 엉성하고 부족했다. 부끄럽지만 퍼블리 아티클에 달렸던 댓글을 공개해보겠다.

> (아쉬움) 이동*님 브랜딩, 10년차
> 제가 이걸 왜 읽고 있는지 모르겠네요.. 개인 일기도 아니고 포트폴리오도 아니고 자서전도 아닌..
>
> 도움이 돼요 41

좋아요를 41개나 받은 이 댓글을 볼 때마다 마음이 위축되어 한동안 댓글창을 확인하지 못했다. 그러다 몇 달 뒤에 다시 들어가보자 또 다른 댓글이 눈에 들어왔다.

> **아쉬움** 이동* 님 브랜딩, 10년차
> 제가 이걸 왜 읽고 있는지 모르겠네요.. 개인 일기도 아니고 포트폴리오도 아니고 자서전도 아닌..
> 도움이 돼요 41
>
> **만족** 정영* 님 홍보/PR
> 후기는 처음인데 내용이 너무 감동적이라 안 남길 수가 없었어요 좋은 글 감사합니다.
> 도움이 돼요 7
>
> **만족** 남예* 님 마케팅, 3년차
> 지금 딱 제가 고민하고 있는 것들에 대한 아티클이에요. 메일 내 일 기록 템플릿도 도움 많이 될 것 같아요. 감사합니다!
> 도움이 돼요 4

이 상반된 댓글을 보면서 좋은 기록에 완벽한 정답이란 없으며, 구체적인 과정을 성실하게 담은 기록이라면 누군가에게는 도움이 된다는 것을 깨달았다. 부족했던 글은 기록하고 공유하고 피드백을 받아 수정하는 과정을 반복 훈련하면서 점점 나아졌고, 마침내 커리어 강연의 기회까지 잡을 수 있었다.

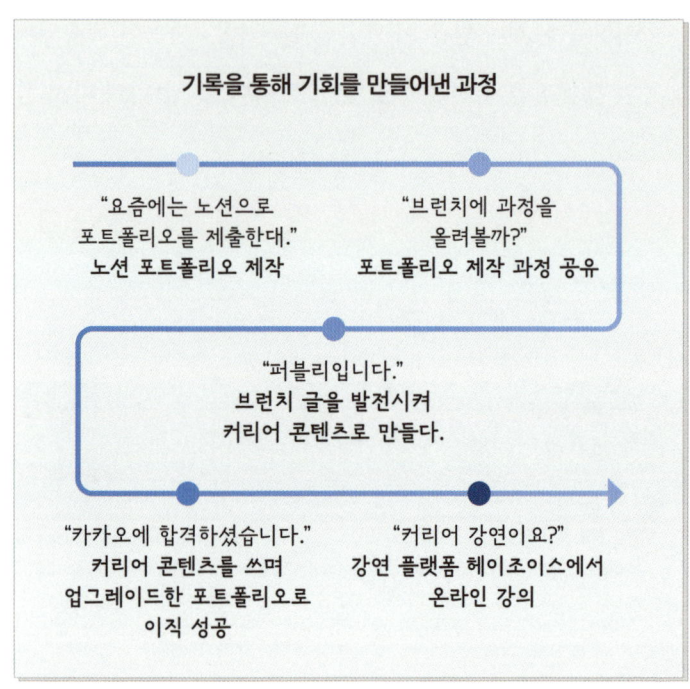

✦ 나를 드러내는 게 두렵다면 커뮤니티 활용해보기

그래도 기록을 시작하기가 두렵다면, 공개 범위를 단계적으로 넓혀가는 것도 좋은 방법이다. 믿을 만한 사람에게 먼저 보여주는 것이다. 나는 기록의 공개 범위를 세 단계로 나누어 관리한다.

첫째, 나만 보는 기록이다. 에버노트와 블로그 비공개 폴더, 일기처럼 온전히 나만을 위한 공간에 남기는 내밀한 기록이다. 여기서는 실수와 실패, 고민과 불안을 솔직하게 털어놓는다. 때로는 부정적 감정을 과하게 쏟아내어 '데스노트'가 되기도 하지만, 그만큼 진실한 나를 마주할 수 있다.

둘째, 소수에게만 공개하는 기록이다. 글쓰기 모임이나 리추얼 커뮤니티처럼 서로 응원하고 지지하기로 약속한 안전한 공간에서만 기록을 나눈다. 이곳에서는 스스로 이해받고 싶은 만큼 상대를 이해해주기 때문에 나의 약점을 드러낼 용기가 생긴다. 혼자서는 해결하기 어려운 문제를 털어놓고, 커뮤니티 멤버들의 안전한 피드백을 거치면 참신한 관점을 얻을 수도 있다.

셋째, 모두에게 공개하는 기록이다. SNS처럼 완전히 공개된 공간에 남기는 것이다. 여기에서는 불특정 다수가 볼 수 있는 만큼 자연스럽게 더 멋진 모습을 정제하고 가공해서 보여주게 된다. 전문성을 알리고 브랜딩을 하기 위해 필요하지만, 타인의 시선을 지나치게 의식하게 되고 자신감을 잃기 쉽다.

세 단계 각각 장단점이 있다. '나만 보는 기록'은 객관적인 피드백을 받기 어렵다. 그래서 한번 부정적 감정에 휩싸이면 극복하기가 어렵다. 남들은 잘하고 있다는데 내 눈에는 부족한 점만

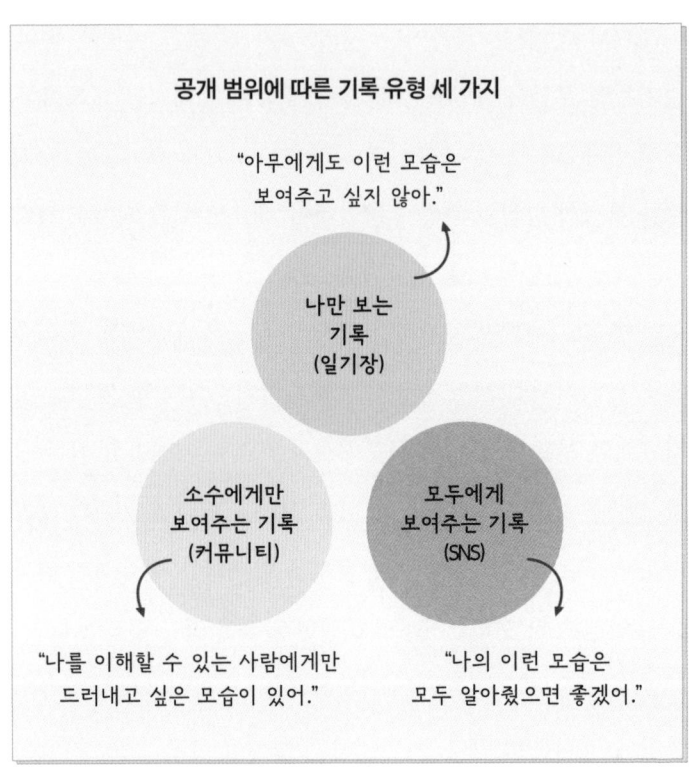

계속 부각되어 그 생각 안에 갇히는 것이다. 반대로 '모두에게 보여주는 기록'은 영향력은 크지만 타인의 시선을 지나치게 의식해 자기 검열을 할 수도 있다. 양극단의 장점만 모아서 중심을 잡아주는 것이 '소수에게만 보여주는 기록'이다. 아쉽게도 이 기록은 커뮤니티에서만 공개하기 때문에 영향력을 넓히고 나를 브랜딩하는 데에는 한계가 있다.

그래서 세 가지 기록을 모두 병행하는 것이 가장 이상적이다. 그래야 '기록을 남기는 나'와 '기록을 읽는 타인' 사이의 관계를 균형 있게 유지할 수 있다. 혼자 견디는 힘, 응원과 지지의 힘, 나를 잘 포장하는 능력을 두루 갖출 수 있다는 점에서 이 세 가지 기록을 균등하게 남기면 가장 좋지만, 현실적으로 시간과 에너지가 충분하지 않다.

시작하는 단계라면 '소수에게 보여주는 기록'부터 해보기를 추천한다. 안전한 커뮤니티에서 먼저 기록하는 습관을 들이고 점차 공개 범위를 넓혀가는 것이다. 누구에게나 속마음을 털어놓을 안전한 대나무숲이 필요하다. 좋아 보이는 모습만 보여주려다 보면 금방 지치기 마련이다.

다음은 내가 사용하는 여러 기록 장소들이다. 공간의 성격에 따라 공개 대상과 범위가 다르다. 예를 들어 심리 상담처럼 아주 개인적인 대화는 상담사 한 명으로 오디언스를 한정하고, 유튜브처럼 예측할 수 없는 시청자가 유입되는 공간에서는 개인적인 이야기를 조심한다. 이렇게 공간별로 적절한 경계를 설정하면 두려움 없이 꾸준한 기록을 쌓을 수 있다.

공개 범위에 따른 기록의 예

기록 유형	예	보는 사람	기록 내용
나만 보는 기록	혼자 보는 일기	나	모든 것을 쓸 수 있다(나라는 독자가 보고 있음을 주의).
소수에게만 보여주는 기록	심리 상담	상담 선생님	찌질하고 부정적인 모습을 있는 그대로 드러낸다.
	커뮤니티 (밑미, 메모어 등)	커뮤니티 멤버	응원과 지지를 받고 싶은 고민을 적는다.
모두에게 보여주는 기록	인스타그램	팔로워	나에 대해 알려주고 싶은 것 위주로 쓴다.
	블로그	- 블로그 이웃 - 키워드를 검색해서 들어온 사람들	게시물 클릭이라는 장벽이 있기 때문에 일과 일상에 대한 고민을 좀 더 자세하게 써도 된다.
	브런치	구독자	글쓰기를 좋아하는 독자와 업계 관계자가 보는 만큼 블로그보다 정제된 기록을 남긴다.
	유튜브	- 구독자 - 알고리즘을 타고 들어온 불특정 다수	- 나를 모르는 사람도 공감할 수 있는 범위까지만 공개한다. - 플랫폼의 장점인 영향력을 활용해서 나를 홍보할 수 있는 메시지를 전달한다.

✦ SNS의 문법을 따르지 않기

유튜브는 일주일에 한 번은 업로드해야 하고, 인스타그램은 릴스가 필수라는 말들은 우리를 조급하게 만든다. 지금도 벅찬데 릴스까지 해야 할지, 인스타그램에는 짧은 글만 써야 할지, 링크드인에서는 커리어 이야기만 해야 할지 고민하게 된다.

SNS를 하는 진짜 목적이 무엇일까? 목표와 목적은 구분해야 한다. 팔로워 수나 게시물 수는 목표일 뿐 목적이 되어서는 안 된다. 목적은 나만의 브랜드를 만들어 원하는 방식으로 일하고 살아가는 것이다. SNS는 이것을 이루기 위한 도구일 뿐이다.

나는 인스타그램을 '글쓰기 플랫폼'으로 사용한다. 2,000자가 넘는 긴 글을 쓰고 글과 관련 없는 사진을 첨부하기도 한다. 지인 몇몇은 내 인스타그램 사용법을 보고 놀랐다고 한다. SNS 문법에 맞지 않을 수도 있지만, 내가 가장 편하게 생각을 표현하고 기록할 수 있는 방식으로 콘텐츠를 만들자 놀랍게도 그 긴 글을 다 읽고 진심으로 공감하는 독자들이 생겼다.

좋아요와 댓글, 저장 수를 보면 글의 길이는 중요하지 않았다. 오히려 최대 글자 수를 꽉 채운 글이 가장 많은 좋아요를 기록한 적도 있었다. 중요한 건 잘 정리된 생각과 가독성이다. 찾아보니 나처럼 SNS 문법을 파괴하고 자신만의 스타일로 콘텐츠를 올리는 사람이 많았다. 유튜브를 '팟캐스트'로 사용하는 채널들도 있다. 영상 플랫폼인 유튜브에서 음성 콘텐츠만 활용하고 영상은 정지된 화면이나 내용과 무관한 그림, 퍼즐 맞추기, 레고 조립 등으로 대체하는 것이다. 이 채널들 모두 수십만 명의 구독자를 확보하며 자신만의 방식으로 성공한 사례다.

결국 진정한 SNS 문법이란, 플랫폼의 특성을 이해하되 그 안에서 내가 지속할 수 있는 방식을 찾는 것이다. 남들이 말하는 트렌드나 성공 법칙을 따라가다가 지치느니, 조금 느리더라도 나만의 방식으로 기록을 꾸준히 쌓는 게 낫다. 그래야 결과적으로 더 오래갈 수 있다.

회고 시스템:
하루, 일주일, 한 달을
새로운 시선으로 보기

✦ 일상을 월간 매거진으로 발행하기

3장에서 찾은 키워드를 실제 콘텐츠로 만들어 공유하는 실천 방법을 알아보자. 많은 사람이 나만의 콘텐츠를 다른 사람과 나누고 싶지만 시작하는 방법을 모르겠다고 이야기한다. 지금부터는 그 어려운 시작을 쉽게 하는 방법을 소개한다.

앞서 찾은 키워드는 오랜 시간 우리 삶의 중심으로 자리 잡은 것들이다. 그만큼 이 키워드에 대해 남들은 모르는 구체적인 매력을 잘 알고 있다. 너무 익숙해져서 당연한 그 매력을 내 관점으로 정리하고 소개하는 것만으로도 좋은 콘텐츠가 될 수 있다.

나의 키워드를 낯선 시선으로 바라보면 콘텐츠도 선명하게 보이기 시작한다. 내가 가진 것이 부족하다고 생각하면 못난 점만 자꾸 눈에 들어오고, 열린 마음으로 바라보면 새로운 아이디어가 떠오른다.

이렇게 새로운 시선으로 나를 바라보는 과정을 체계화하는 도구가 바로 '나만의 회고 시스템'이다. 회고는 반추와 다르다. 반추는 과거를 돌아보며 부정적인 생각이나 감정을 반복해서 되새기는 것이다. '왜 나는 꼼꼼하지 못하고 쉬운 일도 자주 틀릴까?'라고 실수한 기억을 떠올리는 것이 반추라면, 회고는 한 발짝 떨어져 경험을 재해석하는 것이다. 반추는 무의식적이지만 회고는 의식적으로 해야 한다.

예를 들어 나는 회고를 통해 실수가 잦은 성향을 꼼꼼함이 부족한 단점으로 해석하는 대신 빠르게 시도하고 개선하는 강점으로 재해석하면서 행동의 변화를 이끌어냈다. 스스로 이중 점검할 수 있는 체크리스트를 만들고 엑셀 수식과 캘린더 알림 등으로 실수를 예방한 것이다. 그 후로는 동료들에게 실수가 없고 꼼꼼해서 믿을 수 있다는 피드백을 자주 받게 되었다. 실수가 잦았던 사회 초년생은 회고와 개선을 반복하면서 시도가 빠른 동시에 꼼꼼한 시니어로 성장했다.

회고는 일상을 의식적으로 돌아보며 배울 점과 통찰을 찾는 과정이다. 과거를 현재의 시선으로 재해석해서 미래로 나아갈 수 있게 한다. 기록을 다시 들여다보는 데서 그치지 않고, 삶을

하루, 일주일, 한 달을 기준으로 회고하는 법

하루 회고(나만 보는 기록)

- 솔직한 감정과 고민, 감사 일기
- 아침 템플릿: 하루를 시작하며 컨디션을 체크하고 원하는 하루를 그려본다.
- 저녁 템플릿: 하루를 돌아보며 먹은 것, 성취한 것, 감사한 일을 떠올린다.

일주일 회고(SNS 공유)

- 일주일 성장 보고서 '프리워커 주간 보고'
- 주간 템플릿: 한 주간의 배움과 경험을 정리하고 다음 주를 계획한다.

한 달 회고(SNS 공유)

- 나의 한 달을 매거진으로 발행
- 월간 템플릿: 일기, 휴대폰 사진첩, 구글 메모장을 보면서 6개 키워드를 중심으로 한 달 기록을 요약한다.

더 나은 방향으로 변화시키는 것이 진정한 회고다.

나는 하루, 일주일, 한 달 단위로 일상을 회고하고, 그중 '프리워커 주간 보고'와 '한 달 회고'를 매거진처럼 SNS에 공유한다.

회고를 습관화하려면 일정한 템플릿을 만들어두고 반복하는 것이 좋다. 정해진 틀이 없다면 매번 쓸 내용을 고민하게 된다.

창의력은 백지가 아닌 빈칸을 채우면서 더욱 활성화된다. 아무 것도 없는 백지 앞에서는 막막해지기 마련이지만, 질문이 있다면 자연스럽게 답을 생각해낼 수 있다.

나의 회고 템플릿 역시 질문으로 이루어져 있다. 하루를 시작하고 마무리하며, 한 주를 돌아보며, 한 달을 마감하면서 던지는 질문들이다. 여기에 반복해서 답하다 보면 일상을 더 의미 있게 보낼 수 있다.

✦ 하루 회고: 나만 보는 초안

3년 넘게 일기를 쓰면서 가장 뿌듯한 성취는 나에 대한 장기 빅데이터를 갖게 되었다는 것이다. 일기 덕분에 하루, 한 달, 한 계절, 1년이라는 반복되는 시간을 기준으로 나의 에너지와 생각의 패턴을 파악할 수 있게 되었다.

인간의 기억력은 불완전하다. 객관적인 사실도 시간 순서보다는 가장 강렬한 기억, 가장 최근의 기억을 중심으로 저장하고 인출한다. 그리고 강렬한 기억이란 대개 부정적인 사건일 확률이 크다. 인간의 뇌는 생존을 위해 두려움을 예민하게 감지하도록 진화했기 때문이다. 하지만 인간은 더 이상 정글에서 사냥하고 맹수를 피해 도망 다니며 살지 않는다. 따라서 이제는 감정을 더 지혜롭게 관찰하고 다룰 필요가 있다.

일기를 쓰기 전에 나는 자주 에너지가 없고 무기력하다고 생각했다. 일기를 쓰다 보니 나에게 반복되는 패턴을 발견하게 되었다. 하루를 시작하는 아침에는 해야 할 일에 압도되어 우울함을 느끼지만, 밤 10시 반을 기점으로는 아침의 우울함이 무색할 만큼 후련한 마음이 든다는 것을 깨닫고 나서는 시원한 해방감이 찾아왔다. 나는 우울한 사람이 아니라 그저 해야 할 일에 대한 부담감을 크게 느끼는 사람일 뿐이었다.

우리가 무언가를 두려워하는 이유는 모르기 때문이디. 알면 두렵지 않다. 내 감정을 촘촘하게 따라가다 보면 감정과 컨디션에 휩쓸리지 않고 하루를 주도적으로 살아낼 수 있다.

이 패턴을 발견한 다음, 아침 일기와 저녁 일기 템플릿을 만들었다. 아침에는 새롭게 시작될 하루를 향한 기대와 확신을 일기에 쓴다. 마치 영화 〈어바웃 타임〉의 주인공처럼 하루를 미리 살아보는 마음으로 시뮬레이션하는 것이다.

〈어바웃 타임〉의 주인공 팀 레이크는 가문의 유산으로 시간을 되돌리는 특별한 능력을 물려받았다. 그는 시간 여행을 통해 마음에 들지 않는 과거를 되돌려보지만, 그때마다 의도치 않은 결과로 소중한 것들을 잃게 된다. 급기야 여동생의 과거를 바꾸려다 자신의 딸이 다른 아이로 바뀌는 일까지 벌어졌다. 이 일을 계기로 팀은 아버지의 가르침을 받아들여 과거를 크게 뒤바꾸는 시간 여행 대신, 딱 하루만 되돌려 살기로 한다. 어제로 돌아가 똑같이 '예정된 하루'라는 현재에 충실하며 순간을 최대한 즐기고 긍정적으로 보내는 것. 이것이 팀이 깨달은 행복의 비밀이다.

  초능력자 팀처럼 시간을 되돌릴 수는 없지만, 우리도 팀과 똑같은 방식으로 행복의 비밀을 실천할 수 있다. 하루를 두 번, 아니 세 번 사는 것이다. 아침에 나의 하루를 미리 시뮬레이션하면서 한 번, 실제로 하루를 보내며 두 번, 밤에 하루를 되돌아보면서 세 번. 이 마법을 부리기 위해 나는 매일 밤 잠들기 전에 일기에 아침 템플릿 질문을 써두고 아침에 일어나면 머릿속으로 하루를 시뮬레이션하며 질문에 답한다.

  당연히 일기를 매일 쓰지는 못했다. 하지만 늦게 일어나 일기를 빼먹고 헐레벌떡 출근한 날은 불안과 걱정으로 조급하게 하루를 보내곤 했다. 그 사실을 깨닫고 나서는 아침에 어떻게든 일기 쓰는 10분을 확보하려고 노력했다. 아침 일기를 쓰고 나면 이어서 저녁 일기 질문을 미리 써둔다. 무엇이든 쉽게 시작하려면 첫 스텝을 미리 만들어두는 편이 좋다. 매일 같은 템플릿과 질문을 사용하는데, 그 이유는 뇌가 자동으로 질문이라는 '생각의 길'을 따라 하루를 경험하게 하기 위해서다. 여러 번의 수정 끝에 지금의 템플릿에 정착했지만 또 바뀔 수도 있다. 그렇지만 한번 정한 템플릿은 최소 6개월간 유지한다.

일기를 쓰면서 놀란 사실 하나는 아침에 썼던 확언을 하루 동안 90퍼센트 이상 성취한다는 것이다. 아마도 무의식에 그 다짐을 저장해두는 것 같다. 아침 일기에 "오늘은 편안하게 성취하는 뿌듯함을 만끽하겠어"라고 쓰면 밤에 아침 일기를 보지 않고도 "편안하게 성취한 뿌듯한 날"이라고 적곤 했다. 일부러 기억을 떠올리지 않았는데도 아침에 쓴 확언과 비슷하게 적는 날이 많았다.

저녁 일기에서는 '그럼에도' 감사할 일을 찾아서 적는 것을 가장 중요하게 생각한다. 감사 질문 항목을 따로 만들어두지 않으면 저녁 일기는 부정적인 감정으로 채워지기 쉽다.

SNS에 일기 루틴을 자주 소개하다 보니 일기에 대한 고민도 많이 듣게 된다. 나만 보는데도 자꾸 자기 검열을 하게 되어 좋은 감정과 생각만 적어야 할 것 같은 부담감이 든다는 것이다. 일기는 온전히 나를 위해 쓰는 것이다. 그러려면 먼저 스스로에게 솔직해져야 한다. 의식의 흐름대로 쓰는 것도 좋지만 그렇다고 해서 무의식에 끌려갈 필요는 없다. 무의식도 반복 훈련으로 통제할 수 있다.

하루 회고

◆ 아침 일기

- 수면 시간
  12:00~08:00(8시간)

- 모닝 컨디션
  8시간 동안 푹 자긴 했지만 잠이 얕아서 피로감이 느껴진다. 잠들기까지 시간도 오래 걸렸다. 일어나자마자 유튜브 조회 수와 구독자 수를 확인했다. 망했다. 조회 수가 너무 낮다. 눈 뜨자마자 휴대폰으로 수치를 확인하니 머릿속이 복잡한 채로 하루를 시작하게 된다. 내일은 일어나서 1시간 동안은 절대 휴대폰을 보지 말자.

- 오늘의 확언
  마음을 편하게 먹으면 무엇이든 자연스럽게 흘러갈 거야.

- 어떤 하루를 보내고 싶어?
  일상을 정돈하는 마음으로 보내고 싶다. 오전에 빨래를 하고 화분에 물을 주면서 시작하자. 번역 수업 과제와 강의계획안 만들기에만 딱 집중하고 나머지는 루틴에 몸을 맡기자.

◆ 저녁 일기

- 하루 동안 먹은 것
  아침: 전복죽, 밀크티
  점심: 크룽지, 고로케, 라테
  저녁: 오리 주물럭, 버섯 솥밥

> - 원하는 하루를 보냈어?
> 아침에 걱정했던 것과 달리 유튜브 영상 조회 수가 크게 상승했다. 영상 업로드 후 24시간 이내의 실적이 중요하다. 다음부터는 초반 조회 수를 높이기 위해 업로드 직후 썸네일 문구를 계속 바꾸며 최적화하자.
> 오늘은 하루 종일 휴대폰을 비행기 모드로 해두었다. 디지털 디톡스를 하니까 맑은 정신으로 하루를 보낼 수 있었다. 지금 나한테는 짜릿한 도파민이 아니라 천천히 몰입하는 에너지가 필요하다. 디지털 디톡스를 본격적으로 해보고 싶다.
>
> - 그래도 감사한 일
> 하루 종일 건강한 식사를 차려준 남편에게 감사해.
> 디지털 디톡스를 할 수 있어서 감사해.
> 어제 업로드한 유튜브 영상 조회 수가 1,000회가 넘어서 감사해.

인간의 무의식을 건강하게 변화시킬 수 있는 가장 좋은 방법이 일기다. 일기는 삶의 주도권과 편집권을 되찾는 선언적인 행위다. 부정적인 이야기만 떠들어대는 무의식에 끌려갈 필요는 없다. 일기의 목적은 내 안의 부정적인 모습과 긍정적인 모습을 모두 발견하고 균형을 맞추는 데 있다.

일기에 템플릿을 사용하는 이유가 바로 그것이다. 일기에도 '의도'가 필요하다. 그래서 여러 번 템플릿이 바뀌는 과정에서도 내 일기에서 변하지 않는 항목은 바로 '아침 확언'과 '저녁 감사'다. 아침에 오늘 하루를 어떻게 보낼지 기대감을 담아 선언하고, 저녁에는 하루 동안의 성취와 실패를 충분히 껴안은 채로 그럼에도 감사한 일을 적어야 삶의 의미를 의식적으로 만들어 낼 수 있다.

나에게 일기는 드림보드다. 오늘 하루를 잘 마무리하고 싶어서, 내일을 잘 시작하고 싶어서 일기를 쓴다. 일기를 쓰면서 꿈꾸고 바라는 모습을 머릿속에 그려보고 조금씩 그 모습에 가까워져야 한다. 나를 완벽하게 이해하지 못해도, 나를 잘 활용할 수 있다. 아침저녁으로 일기를 쓰며 바쁜 일상의 틈바구니 속에서 졸린 눈을 비비며 일기를 쓰는 우리의 '의도'를 되새겨보자.

✦ 일주일 회고: 꾸준한 성장 과정 공유

일기가 아침저녁으로 컨디션과 감정을 촘촘하게 살피는 기록이라면, '프리워커 주간 보고'는 일주일 동안 무엇을 경험하고 배웠는지 정리하고 다음 주를 계획하는 기록이다. 일기는 나만 보는 은밀한 기록이라서 공개하기 어려운 고민이나 불평, 동료 험담을 쓰기도 한다. 반면 일주일 회고부터는 오디언스를 의식하며 쓴다. 그래야 내 감정에 너무 빠지거나 치우치지 않고 성장 방향을 잡을 수 있기 때문이다.

일주일 회고는 배움과 성장을 기록하고 공유하기 위해 시작했다. 이 목적에 하루는 짧고 한 달은 길다. 일주일이라는 시간은 지난 경험을 돌아보고 개선점을 반영해 다음 주를 계획한 다음, 그 효과가 어땠는지 그다음 주에 회고하는 사이클을 반복하기에 적당한 길이다.

일주일 사이클은 월요일부터 일요일까지로 잡는 것이 일반적이지만, 나는 수요일부터 다음 주 화요일까지를 한 사이클로 잡는다. 일주일을 회고하면서 배운 것을 바로 적용해보기 위해서다. 수요일 오후에 책상에 앉아 지난 7일을 회고해보면 어떤 일을 했고, 무엇을 배우고 느꼈는지 생생하게 다가온다. 일을 하는 월화수목금의 한가운데에 있기 때문에 뇌는 이미 '업무 활성화 모드'다. 지난 일주일을 보내며 아쉬운 점이 있더라도 남은 목요일과 금요일에 만회할 기회가 남아 있어서 죄책감이나 부담감도 적다.

프리워커 주간 보고를 SNS에 올리기 시작했던 건 스스로 습관을 잡기 위해서였다. 회사를 그만두고 스스로를 '프리워커'라고 정의하고 혼자 일하다 보니 마음이 느슨해지기 쉽겠다는 생각이 들었다. 주간 보고를 공개하면 책임감을 가지고 성실하게 일할 수 있을 것 같았다.

처음에는 가벼운 마음으로 시작했다. 이렇게 개인적인 회고를 봐주는 사람이 많지 않을 거라고 생각했다. 그런데 신기하게도 두 달이 지나자 매주 챙겨 보고 있다는 댓글이 달리기 시작했다. 회사를 다니며 나만의 일을 준비하는 사람들은 프리워커 주간 보고를 보면 프리워커의 삶을 간접 체험하는 기분이 든다고 했다. 솔직한 성장 과정을 보니 더욱 응원하고 싶다는 댓글도 달렸다. 이렇게 매주 기다린다는 반응을 보고 나자 그만두면 안 되겠다는 생각이 들었다. 한 주도 빠짐없이 주간 보고를 올리다 보니 '회사 밖에서 나만의 일을 개척하는 기록 전문가'라는 이미지가 단단해졌다.

나의 주간 보고 템플릿은 크게 경험, 배움, 계획을 돌아보는 세 가지 항목으로 이루어져 있다.

템플릿에 맞춰 초안을 쓴 다음, 각 질문은 내용을 더 생생하게 전달할 수 있는 소제목으로 바꾸기도 한다. 예시에서는 '무엇을 배우고 어떤 일을 했어?'를 '누구를 만나고 어떤 일을 했어?'로 바꾸었다. 사람을 많이 만난 주간이라 그 과정에서 배운 것이 많았기 때문이다. 그다음 '무엇을 배웠어?'는 '독립을 넘어 자립으로'로 바꾸었다. 책에서 배운 내용을 강조해서 기억해두고 싶었다. '어떤 감정을 느꼈어?' 항목은 '나의 비즈니스 모델은 뭘

일주일 회고

◆ 프리워커 주간 보고(1016-1022)

- 누구를 만나고 어떤 일을 했어?
  [10/17] 기록 디톡스 세미나(65명이나 신청!)
  [10/18] 넷플연가 3회차 모임 리딩
  [10/20] 밑미 기록 전시 워크숍 참여
  [매일] 2시간씩 번역 공부 & 원고 집필

- 무엇을 배웠어? → 독립을 넘어 자립으로
  송길영 작가님 콘텐츠에 푹 빠졌던 시간.
  "독립을 넘어서 자립으로 가야 한다. 독립과 자립의 차이는 고객이 있냐 없냐."

- 어떤 감정을 느꼈어? → 나만의 비즈니스 모델은 뭘까?
  '자립'이라는 단어에 깊이 사로잡혀 있었다. 솔직하게 돌아보면, 아직 자립이 아닌 독립에 머물러 있다. 몸은 회사 밖에 있지만 지속 가능한 생활을 이어나갈 나만의 비즈니스 모델을 찾지 못했으니까. 불안과 조급함에 맞서기 위해 일기를 열심히 썼던 일주일이었다.

- 다음 주는 어떻게 보내고 싶어? → 책 쓰기에 집중하자!
  11월 말까지는 모든 일을 정리하고 원고 마감에 집중하자. 이번 책은 첫 책과 다른 의미로 다가온다. 이전에 출간한 책은 자아실현을 한 것만으로도 존재의 이유가 충분했지만 이번 책은 반드시 기회를 가져다 주어야 한다는 생각이 든다. 한순간도 독자들잊지 말고 계속 떠올리며 써봐야지.

인스타그램에 '#프리워커주간보고'를 검색하거나,
블로그를 통해 더 많은 '일주일 회고'를 살펴보세요.

까?'라는 제목으로, '다음 주는 어떻게 보내고 싶어?'는 '책 쓰기에 집중하자'로 바꾸었다.

일주일 회고는 단순한 기록 이상으로 나의 성장을 돕는 도구다. 매주 꾸준히 기록하다 보면 어느새 선명한 성장 그래프가 그려진다. 때로는 더디게 느껴질 수 있지만, 한 주 한 주 성실하게 기록을 쌓아가다 보면 그것이 곧 나만의 브랜드가 되는 경험을 하게 될 것이다.

✦ 한 달 회고: 나만의 월간 매거진

매월 첫 번째 토요일 오전에는 지난 한 달 동안 쓴 일기와 기록을 읽는다. 한 달을 촘촘하게 돌아보면서 잘한 것, 배운 것, 의미를 부여할 감정과 사건을 정리한다. 매일 쓴 일기가 이를 위한 기초 자료다.

월간 회고를 쓰기 시작하면서 가장 놀랐던 점은 그동안 순간의 기분이나 컨디션을 나와 동일시하고 있었다는 것이다. 컨디션이 나쁘고 처지는 기분이 들면 '나는 우울한 사람'이라고 규정해버렸다. 우울한 과거 경험과 기억까지 끌고 들어와 과거부터 현재로 이어지는 스토리텔링을 왜곡했다. 그러나 한 달 회고를 시작한 다음부터는 한 달 안에 컨디션이 좋았던 날, 동료와 함께해서 감사했던 순간, 뭘 해도 에너지가 없던 날이 모두 공존한다는 것을 발견했다. 나는 우울한 사람이 아니라 때때로 우울한 날이 있을 뿐이었다. 그것을 잊지 않기 위해 열심히 지난달 일기에 밑줄을 긋고 옮겨 적는다.

기록은 흘러가는 것을 붙잡아두는 도구다. 기록을 다시 보면 이미 내 안에 있는 좋은 것을 발견하고 꺼내 쓸 수 있다. 내가 갖지 못한 좋아 보이는 것만을 쫓아다닐 필요가 없다.

한 달 회고는 일기와 휴대폰 사진첩, 구글 메모장을 돌아보는 것으로 시작한다. 여기서 의미 있는 키워드를 추출한다(예: 프리워커 라이프, 휴식, 채소, 공부, 루틴 등). 그리고 남기고 싶은 문장을 20개 선별한다. 키워드 아래에 선별한 문장을 정리하고, 각 키워드에 어울리는 사진을 함께 넣어 하나의 콘텐츠로 만든다.

이렇게 한 달 회고를 마쳤다면 네이버 블로그와 인스타그램에 사진과 함께 올린다. 사진첩에는 매일 밤 기록 디톡스를 하며 100장 이하로 엄선한 사진이 있다. 이 중에서 키워드에 맞는 사진을 골라서 회고 기록과 함께 SNS에 업로드한다. 그리고 남아 있는 100장의 사진을 네이버 마이박스에 폴더별로 정리한 다음 모두 지운다. 깨끗하게 비워진 사진첩을 보면서 새로운 한 달을 개운하게 시작하는 마음을 다진다.

한 달 회고

프리워커 라이프

[넷플연가] 첫 시즌 모임 종료
[드림포레스트] 불안을 껴안는 기록법 강연
원고 초고 집필 완료

휴식

남산 한옥 마을, 남산 북측 순환로, 서울 성곽길 가을 단풍 산책을 제대로 즐겼다.
'켈리최 블랙홀 시각화' 매일 잠들 때 하는 중. 초반 2주는 효과가 좋아서 명상 중간에 잠이 들었는데 2주가 지나니 효과가 떨어진다.
좀 피곤해도 괜찮아. 나는 너무 몸을 사려서 오히려 체력이 나아지지 않는 것 같다.
다시 코끼리 명상 앱을 결제했다. 매일 오후 4시에 명상하자.
퇴사 후 나에게 필요한 휴식은 여행이 아니라 '몰입과 집중'이었다. 그런데 그걸 제대로 선물해주지 못했다.

채소

홍차보다 녹차를 많이 마시려고 노력
쑥갓 페스토, 양파 소스 + 채소찜 샐러드
다시 아침 사과 습관 시작

공부

《직업으로서의 소설가》, 무라카미 하루키
《강원국의 글쓰기》, 강원국
《소설가의 일》, 김연수
《번아웃을 지나 푸르게》, 김은지

《모든 순간의 물리학》, 카를로 로벨리
영어 번역 입문 강의 완강

루틴

무슨 일이 있어도 매일 같은 시간에 일어나고 싶다. 루틴이 무너질까 봐 순간을 제대로 지키지 못하고 좋은 사람과 즐거운 시간을 보낼 때에도 전전긍긍한다.
밤 늦게까지 술을 마시면 다음 날 루틴이 흐트러진다. 저녁에 술 약속을 잡을 때는 이틀을 쓸 만한 가치가 있는 만남인지 생각해 보자.
시간이 필요해서 퇴사를 했는데, 퇴사 후 오히려 더 시간에 쫓기며 살다니.

저자의 네이버 블로그에서
더 많은 '한 달 회고'를 살펴보세요.

　이렇게 한 달을 재구성하면 그 자체로 완성된 하나의 콘텐츠, 나만의 매거진이 된다. 연말에는 1년 동안 작성한 열두 개의 한 달 회고를 쭉 읽으면서 지난해를 돌아본다. 그러면 365일이라는 긴 시간이 머릿속에서 한 편의 영화처럼 재생된다.

　마음이 힘들거나 고민이 있을 때에는 지난달과 작년 이맘때의 한 달 회고를 찾아본다. 그러다 보니 비슷한 시기에 비슷한 고민이 주기적으로 찾아온다는 사실을 깨달았다. 내가 찾은 반복 패턴은 다음과 같다.

- 매년 4월에는 커리어 고민이 깊어져서 채용 공고를 뒤지며 이직을 생각한다.
- 여름마다 에너지 레벨이 떨어지면서 무기력과 우울감을 느낀다.
- 가을에서 겨울로 넘어가는 시기에는 설레는 감정이 찾아오고 에너지를 얻는다.

반복 패턴을 아는 것만으로도 부정적인 감정이 찾아왔을 때 전보다 수월하게 대처할 수 있다. 매년 4월이면 찾아오는 커리어 고민도 자연스럽게 받아들이고 커리어 기록을 정리하는 기회로 삼게 되었다. 부정적 감정에 예민하게 반응하지 않고 지혜롭게 대응할 힘을 길렀다.

한 달 회고를 꾸준히 하면 일주일 회고에서는 미처 몰랐던 장기적인 패턴과 리듬을 발견할 수 있다. 삶 전체가 내 손 위에 착 달라붙어 있는 느낌이랄까. 그 든든한 감각을 바탕으로 순간의 실패에 좌절하지 않고, 더 나은 선택을 할 수 있게 된다.

✦ 반복의 힘을 극대화하는 회고 루틴

우리는 뇌가 기억한 것을 기록한다고 생각하지만 실제로 뇌는 기록한 것 위주로 기억한다. 시간이 지나면 기록과 회고를 반복한 것만 기억에 남는다. 한 달 회고를 하면서 나의 뇌가 얼마나 불완전하고 기억을 왜곡하는지 새삼스럽게 깨닫고 놀랐다.
두뇌가 잘 기억하는 정보의 특징은 다음과 같다.

1. 최근에 접한 정보
2. 강렬한 감정을 불러일으킨 정보
3. 오감을 자극하거나 재미있는 정보

나는 여기에 한 가지를 추가하고 싶다.

4. 반복해서 본 정보

1~3번은 의도적으로 선택한 정보가 아니라 우연히 접한 정보인 경우가 많다. 유튜브 알고리즘이 추천해줬거나 친구에게 들은 정보 등이 여기에 해당된다. 우리는 이와 같은 최근의, 강렬한, 재미있고 자극적인 정보 대신 내가 선택해서 의식적으로

경험한 정보와 기억을 남겨야 한다. 1~3번은 노력하지 않아도 기억에 남는다. 그중 어떤 정보는 너무 자극적이어서 무의식의 영역까지 침범해 일상을 방해하기도 한다.

반면 4번은 의식적으로 간직하고 싶은 기억이다. 오늘 배우고 깨달은 것, 지난 한 주간 이룬 작은 성취, 한 달 동안 오르내리는 감정 패턴처럼 나를 더 잘 이해하기 위해 나에게 알려주고 싶은 것들이다. 인생의 주도권을 단단히 쥐고 있으려면 4번 정보를 기억하고 기록하고 회고해서 무의식에 각인시켜야 한다.

기억을 객관적으로 유지하기 위해서는 의식적으로 균형 잡힌 회고를 해야 한다. 템플릿을 만들어 미리 질문을 고정해두는 것도 같은 이유다. 이렇게 하면 과거를 현재의 관점에서 재해석할 수 있다. 회고를 반복하면 왜곡된 기억이 아니라 객관적인 기억이 무의식에 각인된다.

결국 무의식을 바꿔야 우리가 원하는 대로 삶이 변화한다. 이것이 기록에서 멈추지 말고 회고까지 해야 하는 이유다.

반복을 쉽게 하려면 루틴으로 만들어야 하는데, 중요한 루틴일수록 실천하기 좋은 방식을 설계해야 한다. 나는 다음과 같은 원칙으로 회고 루틴을 설계했다.

먼저 회고 일정을 구글 캘린더에 고정 반복 일정으로 설정해

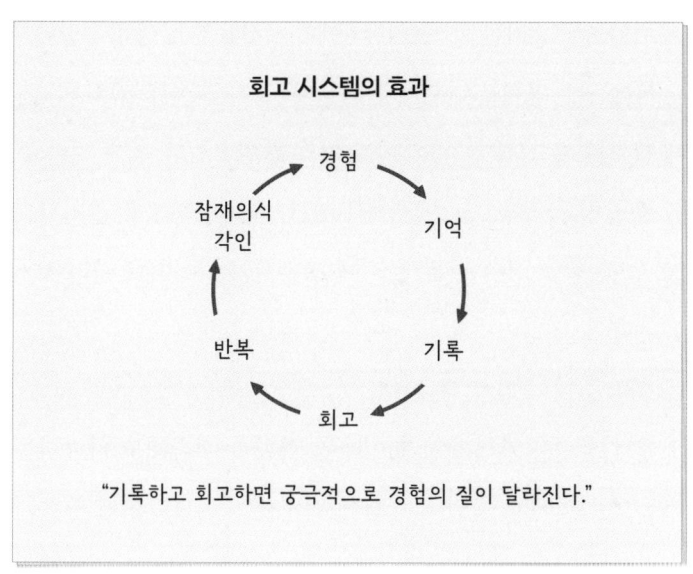

두었다. 이렇게 한 이유는 회고할 '시간'까지 확보해두기 위해서다. 단순히 해야 할 일을 재확인하는 투두리스트와 달리, 구글 캘린더를 사용하면 그 일을 할 시간까지 확보해준다. 시간을 배정하지 않으면 일정에 필요한 시간이 가늠되지 않아서 계획이 비현실적으로 늘어나기 쉽다. 캘린더에 시간까지 배분해두어야 현실적으로 가능한 만큼만 계획을 세울 수 있다.

나는 매주 수요일 오후 4시부터 30분을 일주일 회고 시간으로 잡아두고 매월 첫 번째 토요일 오전 두 시간을 한 달 회고 시간으로 잡아두었다. 앞서 말한 것처럼 일주일 회고와 한 달 회고는 SNS에 올리는 방식으로 타인의 시선을 적절히 활용한다.

매일 쓰는 일기는 다르게 관리한다. 일기장은 집 어디서나 눈에 잘 띄도록 식탁 한 켠에 따로 자리를 만들었다. 일기 역시 구글 캘린더에 일정으로 설정해두지만 개별 일정으로 관리하지 않고 모닝 루틴과 나이트 루틴에 포함시켜 덩어리로 관리한다. 하나의 루틴 덩어리로 만들어두면 전체 프로세스가 자동화되어 빼먹을 일이 없기 때문이다.

여러 루틴을 체인처럼 엮어두면 하나만 시작해도 나머지는 자동으로 이어져 훨씬 수월하게 반복할 수 있다. 모닝 루틴과 나이트 루틴을 3년 넘게 유지하면서 덩어리 루틴의 힘을 체감했다. 처음에는 익숙하지 않아서 각 루틴의 순서와 소요 시간이 계속 바뀌었다. 빼먹는 날도 많았다. 그러나 3년을 반복하다 보니 최적화된 순서와 시간을 찾을 수 있게 되었다.

다음은 내가 유지하고 있는 모닝 루틴과 나이트 루틴이다. 물론 매일 모든 루틴을 완벽하게 지키지는 못한다. 특히 직장인이었을 때는 60분 루틴을 못하는 날이 더 많았다. 늦게 일어난 날은 몇 가지 과정을 빼먹기도 했다. 중요한 것은 자연스러운 흐름에서 힘들이지 않고 내가 선택하고 구성한 루틴으로 하루를 시작하는 것이다.

<60분 모닝 루틴>

- 이불 개고 양치(5분)

- 주방 그릇 정리, 물 한잔 마시기, 유산균 먹기(10분)

- 세수, 가벼운 화장(10분)

- 스트레칭(15분)

- 머리 손질(10분)

- 아침 일기(10분)

<40분 나이트 루틴>

- 스트레칭(15분)

- 밤 일기(10분)

- 독서(15분)

두세 개의 작은 루틴부터 시작해보자. 눈뜨자마자 이불 개기, 양치하고 유산균 먹기, 수분크림 바르고 목 스트레칭하기 정도면 충분하다. 익숙해지면 조금씩 그다음 루틴을 하나씩 붙여보자. 핵심은 'X 하면 Y 한다'라는 결합 루틴을 몸이 기억할 수 있게 반복하는 것이다. 'X도 하고 Y도 해야 한다'라고 생각하면 일을 두 개 하는 것 같아 부담스럽지만 'X 하면 Y 한다'라고 생각하면 한 덩어리로 인식하기 때문에 훨씬 수월해진다.

나에게 맞는 아침 루틴은 무엇일지 생각해보자. 처음부터 완벽할 필요는 없다. 루틴을 반복하면서 동선을 최적화하기 위해 물건의 위치를 이리저리 바꿔도 보고 조금 더 몸에 맞는 순서와 동선으로 배치해보자. 자동화된 루틴을 수행하면서 자연스럽게 일기도 쓰게 된다. 급하지 않지만 중요한 일들을 루틴으로 만들어두면 에너지를 효율적으로 쓸 수 있다.

혼자 루틴을 설계하고 지속하는 게 어렵다면 커뮤니티의 힘을 빌리는 방법도 좋다. 나는 오랫동안 활동한 밑미에서 매일 30분 공부 기록을 남겼는데, 최근에는 메모어 커뮤니티에 일주일 회고 기록도 올리고 있다. 커뮤니티를 이용하면 내 글을 기다려주는 누군가를 위해서라도 귀찮음을 무릅쓰고 기록을 남기게 된다. 심지어 메모어는 매주 1회 회고 글을 안 올리면 회당 2만 원의 벌금을 보증금에서 차감한다. 돈이 아까워서라도 글을 올리도록 유도하는 것이다. 응원 댓글을 받고, 보증금을 아끼기 위해서라도 열심히 하게 된다.

고민 해결 노트:
나의 고민이
누군가에게 인사이트가 된다

✦ **고민을 해결하는 기록, 고민 해결 노트**

고민을 고민으로 남겨두면 막막하기만 할 뿐, 답을 찾기가 어렵다. 이때 고민을 질문의 형태로 바꾸기만 해도 놀라운 변화가 일어난다. 우리 뇌는 질문을 받으면 이를 놀이로 인식하고 즐거운 탐색을 시작한다. 아무리 이상하고 엉성한 질문이라도 무의식중에 질문에 대한 답을 찾아나간다. 새롭게 접하는 정보가 있을 때마다 그 질문을 떠올리며 문제 해결에 도움이 될 정보인지 아닌지 검증하기를 반복한다. 이렇게 남에게 받은 질문도 자동 반사적으로 답하려고 하는데 스스로 던진 질문에는 얼마나 열심히 고민할까.

2장에서 가장 강력한 콘텐츠는 '나만의 문제 해결법'이라고 소개했다. 구체적으로 생생하게 기록한 나의 고군분투 과정은 누군가에게 귀한 레퍼런스 자료가 되었다. 그러나 해결해야 할 수많은 문제에 대해 마치 영감을 수집하듯 중구난방으로 기록하면 피로감과 부담감만 커지고 해결책이 잘 떠오르지 않는다. 이럴 때는 교통정리가 필요하다. 매달 집중할 한 가지 목표만 정해서 고민과 답을 찾는 과정을 단순하게 좁혀줘야 한다. 이것이 바로 '고민 해결 노트'다.

고민 해결 노트를 쓰게 된 계기는 회사에서 무례한 업무 요청에 감정적으로 대응하면서 에너지를 낭비했던 경험 때문이었다. 유관 부서의 모호한 요청, 갑작스러운 미팅, 무례한 부탁에 매번 화를 냈다. 거절할 논리를 만들기 위해 시간을 쓰다 보니 정작 중요한 일에 쓸 에너지가 부족했다. 이런 악순환에서 벗어나고 싶어서 '무례한 업무 요청에 지혜롭게 대응하는 법'을 한 달 동안 고민할 '질문'으로 만들었다. 매주 행동 목표를 세우고, 실천하고, 회고하는 사이클을 반복했다. 업무 대응 템플릿을 만들어 실천한 덕분에 감정 소모가 줄었고, 더 중요한 일에 집중할 수 있게 되었다. 무엇보다 이 과정을 기록해 퍼블리 아티클로 발행할 수 있었던 게 가장 큰 성과였다.

✦ 고민을 질문으로 바꾸기

고민 해결 노트는 한 달에 하나의 질문에 집중해서 답을 하는 기록이다. 한 달에 단 한 가지만 고민하기 때문에 중간에 포기하지 않고 몰입할 수 있고, 방향성이 명확해져 문제를 효과적으로 해결할 수 있다.

한 달에 하나의 질문이 1년간 모이면 열두 개의 질문이 된다. 이 질문을 쌓아서 콘텐츠를 완성하는 것이다. 개수는 적어 보이지만 콘텐츠 하나당 최소 한 달에서 몇 개월 넘게 고민한 과정이 포함된 내실 있는 결과물이므로 절대 적은 분량이 아니다. 게다가 시간이 흐르면서 내 생각의 흐름도 볼 수 있다.

이렇게 쌓인 기록은 포트폴리오를 만들 때도 도움이 된다. 포트폴리오를 쓸 때 가장 난감한 순간은 분명 열심히 일했는데 구체적인 성과가 기억나지 않을 때다. 고민 해결 노트에는 한 가지 문제를 해결하는 데 필요한 기록만 일목요연하게 정리되어 있기 때문에 빠르게 훑어보고 활용할 수 있다.

고민을 질문으로 변환하는 이유는 고민으로는 제자리만 맴돌기 때문이다. 고민은 "~해서 고민이야"로 끝나는 반면, 질문은 "~한 상황인데 어떻게 해야 할까?"로 끝난다. 예를 들어 나의

> **고민 해결 노트 작성법**
>
> **1단계. 한 달에 하나의 질문 정하기**
>
> - 한 달에 하나의 질문만 선택해 집중한다.
> - 1년이면 12개의 깊이 있는 질문이 쌓인다.
> - 각 질문은 한 편의 콘텐츠가 될 잠재력을 가진다.
>
> **2단계. 고민을 질문으로 변환하기**
>
> - 나쁜 예: 일하면서 화가 날 때 어떻게 해야 할까?(모호함)
> - 좋은 예: 무례한 업무 요청을 받을 때 흥분하지 않고 차분하게 대응하려면 어떻게 해야 할까?(명확함)

고민은 "무례한 업무 요청을 받을 때마다 감정과 에너지 소모가 심해서 걱정이야"다. 이 고민을 질문으로는 "무례한 업무 요청을 받을 때 흥분하지 않고 차분하게 대응하려면 어떻게 해야 할까?"로 바꿀 수 있다.

여기에서 핵심은 좋은 질문부터 만들 줄 알아야 한다는 것이다. 임상심리학자 로버트 마우어는 《아주 작은 반복의 힘》에서 좋은 질문의 특징으로 두 가지를 꼽는다. 첫째, 좋은 질문은 구체적이고 명확하다. 거대하고 모호한 질문보다 고민의 범위를 줄여주는 잘게 쪼갠 질문이 좋다. 둘째, 좋은 질문은 열린 질문이다. 답이 정해진 질문보다 반복해서 생각하면서 창의적인 답을 찾을 수 있는 질문이 좋다.

고민을 질문으로 만들었다면 이제 뇌가 반복해서 이 질문을 떠올리면서 답을 찾을 수 있도록 자연스러운 반복 수행 환경을 설정해야 한다.

<자연스러운 반복을 위한 환경 설정>
1. 구글 캘린더에 고정 일정을 설정한다. 이때 시간까지 정확히 배정해두어야 실현 가능성이 높아진다(매주 금요일 오후 5시에 고민 해결 노트 작성).
2. 구글 킵에 질문을 적어두고, 매일 밤 기록 디톡스를 하면서 다시 본다.

환경 설정을 마친 다음, 본격적으로 매주 금요일 오후에 고민 해결 노트를 열어서 고민을 이어갔다. 매주 사소한 액션을 한 가지 시도해보고 다음 주 금요일에 결과를 기록했다. 단번에 완벽한 해결책을 도출할 수는 없었으므로 결과는 자연스럽게 새로운 고민으로 이어졌다. 이를 해결하기 위한 액션을 적고 또 그다음 주 금요일에 결과를 기록했다. 이 사이클을 반복하다 보니 어느 순간 문제가 저절로 해결되었다.

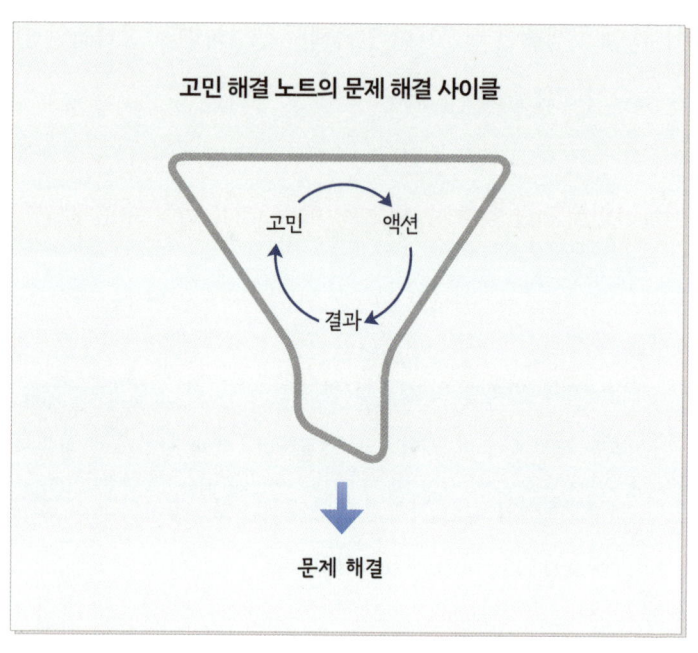

이때, 크게 상황이 변하지 않은 주간에도 빼먹지 않고 구글 캘린더에 잡아둔 일정대로 고민 해결 노트를 열어봤다. 기록해야 할 내용을 '써야겠다'라고 의식하지 못해서 넘길 수도 있기 때문이었다. 고민과 실행 결과가 제자리를 맴돌아도 금요일 오후가 되면 어김없이 노션 템플릿을 열어서 기록을 다시 살펴봤다. 그러다 보면 더 좋은 아이디어가 떠오르기도 했다.

고민 해결 노트 작성 예

일자	고민	액션	결과
4/26(금)	프로모션 준비 미팅에서 또 흥분했다. 업무 요청 사항도 모호하고 일정도 빠듯하다.	유관 부서용 업무 요청 템플릿을 만들자.	팀 내부 의견은 긍정적이었다.
5/3(금)	아직 큰 변화는 없지만 마음이 한결 가벼워졌다.	템플릿을 단순화해서 유관 부서가 사용하기 쉽게 하자.	유관 부서에 공유했더니 일이 더 늘어난 거 아니냐며 미심쩍어했다.
5/10(금)	미팅을 하다가 또다시 폭발했다. 전혀 나아지지 않았다.	유관 부서가 아니라 나를 위한 업무 대응 템플릿을 만들자.	템플릿을 보면서 감정을 조절하기 시작했다.
5/17(금)	템플릿을 쓰다 보니 상대의 무례 아래에 숨은 불안을 읽을 수 있었다.	템플릿에 '상대를 안심하게 하는 첫 마디'를 추가했다.	부드러운 대화가 가능해졌다.
5/24(금)	부드럽게 대응하면 결국 요청을 다 들어주게 될까 봐 불안해졌다.	템플릿에 '요청 유형별 합리적인 대안'을 추가했다.	대안에 수긍하는 분위기다. 균형점을 찾았다.

고민과 해결책이 어느 정도 정리되었다면 노션의 고민 해결 노트 페이지에 진척 상황 태그를 '진행 중'에서 '완료'로 바꾼다. 그리고 하나의 긴 글로 정리한다. 고민을 질문으로 만들어 해결하고 그 과정을 하나의 글로 엮어 발행하면 기록이 모두 내 것으로 온전히 저장된다.

• 노션의 고민 해결 노트 페이지

✦ 질문과 답을 엮어 콘텐츠 만들기

고민 상태에서 남기는 개별 기록들은 서로 연관성 없이 흩어져 있다. 이 중 하나를 콘텐츠로 발전시키기에는 생각하고 작업해야 할 과정이 너무 복잡하다. 개별 기록들을 질문이라는 자석을 중심으로 모으면 쇳가루가 달라붙는 것처럼 한 덩어리로 뭉쳐진다. 이 기록 덩어리를 글로 편집해서 발행하면 손쉽게 콘텐츠가 된다.

앞에서 본 "무례한 업무 요청을 받을 때 흥분하지 않고 차분하게 대응하려면 어떻게 해야 할까?"의 고민 헤겔 노트 기록은 처음에 3,500자 분량의 브런치 글로 발행한 다음, 퍼블리 아티클로 발전시켰다. 편집자와 피드백을 주고받으면서 살을 붙이고 나니 1만 자 분량의 긴 글이 되었다. 기록과 회고를 반복하면서 콘텐츠는 더 탄탄해졌고, 더 많은 독자와 만날 수 있었다.

이렇게 짧은 기록 여러 개를 하나의 긴 글로 이어 붙이면 좋은 점이 더 있다. 첫째, 매주 깊이 고민하며 생각을 키울 수 있다. 둘째, 흩어져 있던 기록이 체계적인 콘텐츠가 된다. 셋째, 이 콘텐츠는 언제든 꺼내 볼 수 있는 나의 자산이 된다. 시작은 '고민'이었지만 점차 나의 성장 과정을 담은 '포트폴리오'이자, 다른 사람과 공유할 수 있는 '콘텐츠'로 발전시킨 것이다.

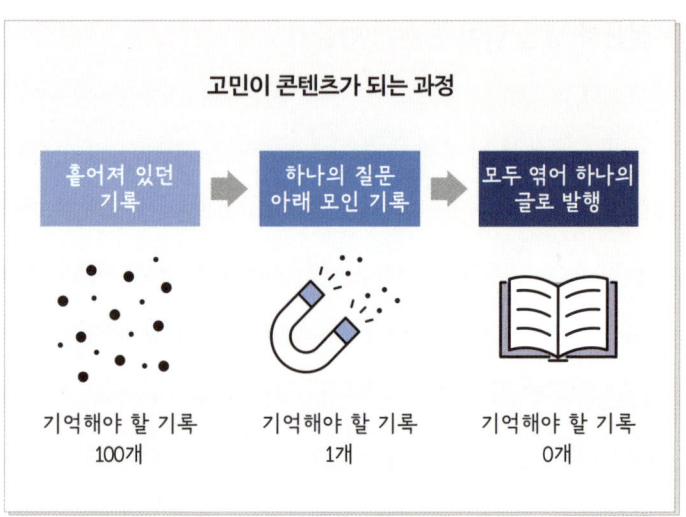

✦ 90일이 지나면 일단 완료

　세상에는 답이 딱 떨어지는 고민보다 미적지근하게 제자리를 맴도는 고민이 훨씬 많다. 고민이 말끔하게 해결될 때까지 끝없이 기록하려고 하다 보면 중간에 힘이 빠지고 집중력을 잃기 쉽다. 그런 질문은 계속 고민하기보다는 일정 시간이 지나면 일단 종료하는 게 낫다. 그래야 그 시간에 해결 가능한 다른 고민에 집중할 수 있기 때문이다.

　그래서 나는 어떤 고민이든 90일, 즉 3개월을 넘기지 않고 마무리한다. 90일은 목표 하나를 이루기에 제법 여유로우면서도 한편으로는 긴박감이 느껴질 만큼 빠듯한 기간이다. 집중력을 유지해주면서 동시에 단계적으로 해결책을 찾아가기에 딱 적절하다.

90일 동안 매주 고민했음에도 해결되지 않았다면 좀 더 긴 시간이 필요한 문제라는 뜻이다. 게다가 머릿속에 생각할 문제가 많으면 심리적 압박감이 밀려와 해결 가능한 고민조차 어렵게 느껴 답을 얻지 못하게 된다. 이제는 무의식이 천천히 시간을 갖고 해결해주기를 바라며 다음 고민으로 넘어가도 된다.

물론 해결되지 않은 고민의 진척 상황 태그를 '완료'로 바꾸는 게 찜찜할 수도 있다. 그래서 고민의 마지막에는 꼭 종료 코멘트를 적는다. 이 역시 생각의 방향을 잡아주기 위해 미리 질문을 설정해두었다.

<고민 해결 사이클을 마치고 돌아볼 것들>
- 처음에 세운 의도를 이루었는가?
- 의도가 중간에 변화했는가?
- 내가 만든 결과가 마음에 드는가?
- 이 과정에서 어떤 변화가 일어났는가?

이렇게 종료 코멘트까지 남겼다면, 끝나지 않는 고민은 일단 완료 상태로 마무리하고 개운하게 다음 단계로 넘어가자.

4장에서는 3장에서 찾은 키워드를 공유하고, 회고하고, 성장시키는 선순환 시스템을 구축해봤다. 이 과정에서 루틴을 만들고 콘텐츠를 발행하는 게 어느 정도는 익숙해졌을 것이다. 과정 기록을 콘텐츠로 쌓으면서 우리를 응원해주는 팬들도 생겨났다. 내가 올린 게시물에 좋아요와 댓글이 적다고 해서 아직 실망할 필요는 없다. SNS에는 글에 공감하고 재미를 느끼면서도 댓글과 좋아요를 누르는 대신 다음 게시물이 올라오기를 조용히 기다리는 독자가 더 많다. 그런 시간이 쌓여서 자연스럽게 다음 단계로 넘어갈 때까지 기다려야 한다.

노션 템플릿을 활용해 나만의 고민 해결 노트를 작성해보세요.

포트폴리오:
새로운 기회를 찾아 나서는 전략적 기록

✦ 포트폴리오, 나의 브랜드 소개서

포트폴리오는 단순한 이력 정리가 아니다. '당신의 문제를 해결해줄 사람이 바로 나'라는 내용을 담은 강력한 도구다. 그래서 좋은 포트폴리오는 "저는 이런 일을 했습니다"로 끝내지 않고 "저는 당신의 문제를 해결할 수 있습니다"라고 보여줄 수 있어야 한다.

포트폴리오는 콘텐츠의 정수다. 내가 SNS에 올린 콘텐츠는 누구나 공짜로 볼 수 있다. 여기서 접한 정보를 보고 물건을 구입한다 해도 큰돈은 들지 않는다. 그러나 포트폴리오는 귀한 업무 시간에 보는 문서이며, 한 번의 선택이 적게는 몇 백만 원에서 크게는 몇 천만 원의 채용 비용으로 이어진다. 이렇게 중요

- 이력서보다 더 다양한 방식으로 나를 표현할 수 있는 포트폴리오

한 의사결정을 설득하는 콘텐츠가 바로 포트폴리오다. 난이도는 높지만 포트폴리오를 잘 쓰는 연습을 해두면 다른 콘텐츠도 효과적으로 만드는 내공이 쌓인다. 게다가 포트폴리오는 나를 필요로 하는 사람들에게 나를 직접 알림으로써 목적지까지 최단 경로로 도달하는 기회를 주기도 한다.

그럼 좋은 포트폴리오는 어떻게 써야 할까? 비교적 익숙한 회사 포트폴리오 쓰는 법을 먼저 살펴본 다음, 회사 밖 포트폴리오 쓰는 법을 차례로 살펴보자.

✦ 회사 포트폴리오: 정답이 있는 연습 문제

회사가 신규 직원을 뽑는다는 것은 해결하고 싶은 문제가 있다는 뜻이다. 이를 파악해서 '내가 그 문제를 해결할 적임자'임을 보여주는 게 포트폴리오다. 다른 콘텐츠보다 포트폴리오로 콘텐츠와 브랜딩 연습을 하는 게 수월한 이유는 정답지가 이미 있기 때문이다. 그것은 바로 채용 공고의 JD다.

직무 기술서

JD란 'Job Description'의 약자로 우리말로 풀어보면 채용 사이트에 채용 담당자가 업로드한 직무 기술서다. 기업마다 양식은 다르지만 대개 주요 업무, 자격 요건, 우대 사항 세 가지 항목에 대해 원하는 인재상을 구체적으로 설명한다.

<직무 기술서의 세 가지 항목>

1. 주요 업무: 회사가 해결하고 싶은 과제
2. 자격 요건: 과제를 해결하기 위해 필요한 역량
3. 우대 사항: 더 나은 해결을 위해 있으면 좋은 역량

JD가 알려주는 힌트를 꼼꼼하게 살펴보면 포트폴리오의 편집 방향을 알 수 있다. 특히 회사마다 자주 반복해서 쓰는 키워드를 파악해서 이를 내 포트폴리오에 적절히 활용해야 한다. 그래야 나를 회사에 대한 이해도가 높고 회사의 성향과 가치관에 부합하는 인재라고 긍정적으로 평가한다. JD를 보면서 요즘 업계에서는 어떤 키워드를 많이 사용하는지, 어떤 경험을 중요하게 보는지 생각하면서 정답을 맞추듯 포트폴리오를 수정해보자.

5년 차까지만 해도 나에게 포트폴리오는 회사에 염증을 느껴 이직하고 싶을 때 열어보는 문서였다. 선배들이 적어도 분기에 한 번씩은 포트폴리오를 업데이트하라고 말했지만 귀찮은 마음에 계속 미뤘다. 일하는 것만으로도 벅차서 했던 일을 요약하

직무 기술서 속 힌트로 내 경험 재구성하기

직무 기술서 속 힌트

회사가 해결하고
싶은 과제
(주요 업무)

과제를 해결하기 위해
필요한 역량
(자격 요건)

더 나은 해결을 위해
있으면 좋은 역량
(우대 사항)

내 경험 재구성하기

내 경험 중 어떤 업무를
문제 해결 사례로
강조할지 선별

역량을 발휘해서
문제를 해결한 과정과 결과를
구체적인 수치와 함께 표현

추가로 어필할 역량을
키워드로 만들어
중간중간 끼워 넣기

는 수준으로만 가끔씩 정리했다.

그러자 뭔가 일을 많이 한 것 같긴 한데 구체적으로 뭘 했는지는 한눈에 잘 들어오지 않았다. 이 포트폴리오를 볼 사람은 인사팀 직원이나 나를 채용하는 팀의 리더다. 분명 시간에 쫓기며 여러 포트폴리오를 빠르게 훑어볼 텐데, 업무를 나열하기만 해서는 눈에 띄지 않을 것 같았다.

경험을 재구성해보기로 했다. 이때는 회사 입장에서 회사의 고민과 연결되는 경험을 중심으로 재구성하는 게 중요하다. 내 기록을 볼 상대를 주인공으로 생각해보는 것이다. 포트폴리오를 보는 사람에게 필요한 메시지와 나의 다양한 경험 중에서 상대에게 필요한 정보가 무엇인지 이해하고 전달해야 한다.

지금부터는 내가 합격했던 회사의 JD와 입사 지원 시 제출했던 포트폴리오를 보면서 구체적으로 연습해보자. 중요한 키워드에는 밑줄을 쳤다.

JD만 봐도 현재 회사가 해결하고 싶은 문제가 명확하게 보인다. 핵심은 가장 윗줄에 기재된 내용이다. 이 포지션은 프로모션팀의 온사이트 마케터를 채용하는 공고였다. 그러나 프로모션을 기획하고 운영하는 업무는 메인이 아니었다. 만약 그랬다면 매출 증대에 기여할 만한 프로모션 전략 수립, 기획, 운영이라는 키워드가 맨 위에 나왔을 것이다.

직무 기술서

주요 업무

- 스토어 내/외부 주요 노출 구좌 운영 및 성과 분석
- 각 카테고리별 주요 프로모션의 노출 우선순위 조정과 효과적인 노출을 통한 비즈니스 목표 달성 기여
- 런칭한 프로모션의 성과 분석 및 인사이트 도출을 통한 정책, 운영 방식 개선
- 유입 증대 및 매출 상승을 위한 월/분기/연간 프로모션 전략 및 컨셉 기획/운영
- 프로모션 효율 증대 및 고도화를 위한 유관 부서 커뮤니케이션
- 이커머스 및 여성 의류 쇼핑 플랫폼 시장 조사 및 동향 분석을 통한 인사이트 도출

자격 요건

- 이커머스 온사이트 마케터 경력이 3년 이상이신 분
- 쿠폰, 포인트 활용 프로모션 및 제휴 프로모션 기획/운영 경험이 있으신 분
- 프로모션 결과 분석을 통해 인사이트를 도출하여 발전적인 프로모션 설계가 가능하신 분
- 디자인, 개발, 마케팅, 운영 등 다양한 직군과 원활한 커뮤니케이션이 가능하신 분

우대 사항

- 이커머스, 여성 의류 쇼핑몰 업계에 대한 관심과 이해도가 높으신 분
- 빠른 실행에 강점이 있으신 분
- 주도적으로 목표를 세우고 달성해본 경험이 있으신 분
- Amplitude, Braze 등 분석 툴을 사용해본 경험이 있으신 분

그런데 이 JD의 첫 줄은 '노출 구좌 운영 및 성과 분석'이다. 둘째 줄은 '노출 우선순위 조정'을 통한 비즈니스 목표 달성이다. 즉 이 포지션은 팀의 기존 인원들이 프로모션을 기획하면 우선순위를 정해 이것을 온라인에 효과적으로 노출할 전략을 짜고, 결과 데이터를 분석하며, 유관 부서와 커뮤니케이션하는 포지션이라는 의미다. 이 일은 프로모션 기획/운영을 수년간 담당하면서 비즈니스 이해도가 높은 시니어급 직원이 할 수 있는 분석과 의사결정이다. 그렇다면 내가 강조해야 할 경험은 전략 수립, 성과 분석, 커뮤니케이션을 통한 비즈니스 목표 달성과 관련된 내용이다.

그 외에 JD에서 반복해서 나오는 키워드가 또 있었다. 분석과 커뮤니케이션이다. 분석 툴을 활용해 데이터 기반으로 유관 부서와 커뮤니케이션할 수 있는지 묻는 것이다. 이어서 우대 사항을 보면 추가로 어필하면 좋을 역량 키워드도 알 수 있다. 당시 이 회사는 성장 속도가 가파른 단계였기 때문에 신속한 실행력과 주도성을 강조했다. 또한 빠르게 업무에 적응해서 성과를 낼 수 있도록 높은 동종 업계 이해도와 분석 툴 사용 경험도 요구하고 있었다.

> **소개 글**
>
> 홈쇼핑 이커머스 분야에서 자사몰 운영/마케팅을 담당하고 있습니다. 자사몰 운영 전략 수립, 프로모션과 마케팅 비용 계획 및 수립, 성과 분석 프레임 설계, 몰 구좌 총괄 관리, 고객 행동 관리(재방문/재구매/이탈/유지 케어)를 했습니다.
>
> UX/영업/전략/디자인 유관 부서 담당자들과 유연하고 긴밀하게 커뮤니케이션하며 협업합니다. 프로젝트 TF에서 구성원을 리드해 프로모션을 성공시킨 경험이 있습니다. 전체 방향성을 수립하고 1:1 미팅을 통해서 각자의 역량을 발휘할 수 있도록 리딩했습니다. 팀/조직 전체 관점으로 성과를 낼 수 있는 구조와 시스템을 만들고 개선했습니다.
>
> 고객의 문제를 해결함으로써 비즈니스 성장에 기여하는 것에서 가치를 찾습니다. 고객이 필요한 것을 관찰하고 개선하는 데 집중합니다. 맥락 있는 데이터 분석을 통해 고객의 니즈를 정확하게 파악하고 만족스러운 경험(UX/프로덕트/사이트 개선), 매력적인 콘텐츠(상품/프로모션)를 제공합니다.

소개 글

이제 내 경험과 성과를 키워드에 맞게 매칭할 차례다. 우선 포트폴리오 상단에 짧은 소개 글을 적었다. 포트폴리오의 장점이자 이력서와의 차별점이 바로 이런 것이다. 정해진 표에 맞게 채워야 하는 이력서와는 달리 포트폴리오는 자유도가 높아서 강조

구체적인 업무 경험

▶ 온사이트 구좌 총괄 운영 및 분석

- 전체 구좌 효율 분석 및 지표 수립(UV/클릭률/전환율/재구매율/이탈률), 사이트 성장 단계별 전략 수립(유입/전환/재구매 지표 Mix)
- 고객의 여정에 따른 [유입-탐색-구매-재구매] 단계별 캠페인 수립

▶ 프로모션 목표 및 전략 수립

- 자사몰 매출 목표 수립 및 프로모션 중/장기 목표 수립(전략/영업팀 협업)
- 온사이트 마케팅 성과 분석 프레임 설계. 주요 지표 기반 GA 대시보드 개발(데이터/UX팀 협업)

▶ 멤버십 프로모션 기획

- 명절 전문 매장 [○○○○] 고객 유형/주문 패턴 데이터 분석 → 프로모션 오퍼 차별화, 연간 예산 내 프로모션 비용 최적화 시뮬레이션, 상품 탐색 메뉴 UI 개선 → 2년 연속 전년비 명절 식품 매출 +50% 신장

▶ CRM 프로모션 기획/운영

- 상품형 프로모션 [○○데이] [○○쏜다] [○○위크] 신설 → 도입 첫 달 대비 6개월 후 매출 +380% 증대
- 식품 재구매 고객 리텐션 강화를 위한 [○○○ 스탬프 프로모션] 운영 → 객단가 +10% 증가, 구매 빈도 주 1.5일→3일, 구매 전환율 +23% 상승

하고 싶은 것부터 자유롭게 순서를 정해서 표현할 수 있다. 밑줄 친 부분은 JD의 중요 키워드를 나의 키워드와 매칭한 것이다.

구체적인 업무 경험

그 아래에는 구체적인 업무 경험을 기재했다. 이때 가능하면 무엇을 어떻게 개선했는지 구체적인 수치를 근거로 제시하는 걸 추천한다. 다만 재직 중인 회사의 영업 정보까지 알릴 필요는 없으며 업무 전개 전후로 개선된 정도를 퍼센트로 표현하는 게 좋다. 수치 근거를 덧붙이는 목적은 신뢰성을 바탕으로 설득하기 위함이지 정보 공개가 아니다.

업무 경험은 주요 업무에서 강조한 역량 순서대로 기재했고, 내가 무엇에 기여했는지 명시함으로써 자연스럽게 내 경험이 자격 요건에 충족한다는 것을 보여줬다. 그다음으로 우대 사항에 기재된 역량을 드러낼 수 있도록 사례를 덧붙였다.

내 포트폴리오를 재구성한 과정을 그림으로 살펴보자. 이 그림은 낯이 익을 것이다. 3장에서 살펴본 '키워드 조합법'과 같은 그림이다. 결국 포트폴리오도 콘텐츠이므로 원리가 동일하다. 앞에서 소개한 '나만의 콘텐츠 만들기 모델' 역시 포트폴리오에 적용해볼 수 있다. 오디언스를 회사로 바꾸기만 하면 된다.

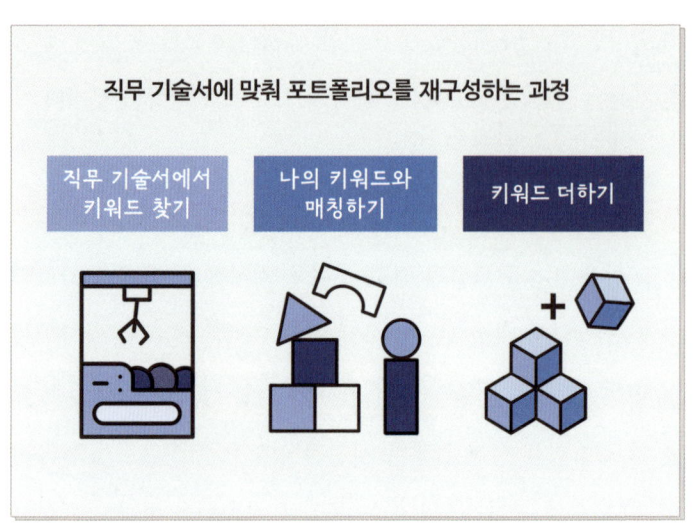

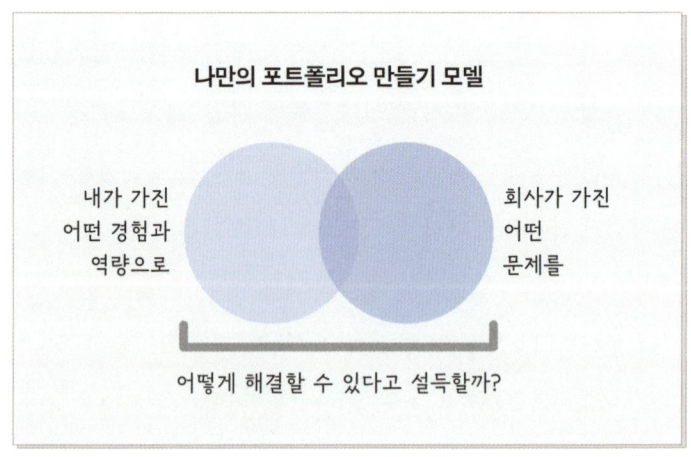

✦ 회사 밖 포트폴리오: 스스로 답을 찾는 실전 문제

회사 밖 포트폴리오는 JD라는 정답 노트가 없으므로 이것부터 먼저 만들어야 한다. 지레 겁먹을 필요는 없다. 앞에서 만들어둔 나만의 이름과 슬로건을 떠올리며 내 경험을 재구성하기만 하면 된다.

앞서 기록과 콘텐츠의 차이를 '오디언스' 유무라고 이야기했다. 포트폴리오는 가장 강력한 콘텐츠이므로 당연히 명확한 오디언스가 있다. 앞서 JD에서는 회사라는 오디언스가 나를 통해 어떤 문제를 해결하고 싶어 하는지 파악했다. 회사 밖 포트폴리오도 똑같다. 나의 오디언스가 누구인지, 그들이 나를 통해 어떤 문제를 해결하고 싶어 하는지 먼저 정리해야 한다.

나의 사례에서 오디언스와 그들의 문제, 문제 해결법, 답안지를 만드는 연습을 해보자.

<나의 오디언스>

- 일에서 성장하고 싶지만 일상의 균형도 중요하다.
- 기록을 쌓아 콘텐츠로 만들고 싶다.
- 회사 밖에서 나만의 일을 하고 싶다.

<그들의 문제>

- 기록에 관심은 많지만 실천이 어렵다.

- 기록을 오히려 너무 많이 남겨서 정리가 안 된다.

- 콘텐츠를 만들고 싶은데 어떻게 시작해야 할지 막막하다.

<내가 어떻게 해결해줄 수 있을까?>

- 콘텐츠: 하루 10분 기록 습관 유튜브 영상, SNS 활용법 아티클

- 강의: 기록 아카이빙 강의, 나만의 키워드 찾기 워크숍

- 커뮤니티: 기록 챌린지, 기록 응원 커뮤니티

이것이 우리가 회사 밖에서 끈질기게 붙들어야 할 새로운 JD다. 여기에 맞게 그동안의 경험을 재구성하면 포트폴리오가 완성된다. 직접 만든 JD 각 항목이 포트폴리오의 어느 부분에 해당하는지 살펴보자. 회사 밖 포트폴리오는 크게 소개, 요약, 상세의 세 부분으로 나눠진다.

소개

회사 포트폴리오와 마찬가지로 회사 밖 포트폴리오를 봐줄 사람도 시간과 에너지가 늘 부족하다. 따라서 포트폴리오를 열자마자 '당신이 찾는 사람이 바로 나'라는 것을 보여줘야 한다.

그래서 가장 윗부분 '소개'에 오디언스와 그들의 문제, 해결 방법을 곧바로 언급한다.

　포트폴리오 상단에 세 줄 소개 문구를 활용해 내가 오디언스와 그들의 문제를 잘 이해하고 있다는 것을 보여준다. 여기에는 ①내가 하는 일, ②나만의 차별점, ③할 수 있는 일 키워드를 차례로 적는다. 각 문장의 역할은 다음과 같다.

<세 줄 소개 문구>

1. 내가 하는 일 = 오디언스를 알고 있음
2. 나만의 차별점 = 오디언스의 문제를 알고 있음
3. 할 수 있는 일 키워드 = 문제 해결 방안 제시

요약

이어지는 '요약'은 커리어 이력과 주요 활동을 간략하게 보여줌으로써 신뢰감을 높여준다.

| 주요 활동

- *(강의)* 헤이조이스 - 나를 어필하는 포트폴리오 작성법, SNS로 나 기록하기
- *(아티클)* 퍼블리 - 알아서 써지는 글쓰기 저널링 시스템, "YES!"를 부르는 제안 메일 작성법, 챗GPT로 업무 효율 높이기
- *(커뮤니티 리딩)* 밑미 - 하루 30분 셀프 스터디
- *(온라인 클래스)* 클래스101 - 내 콘텐츠로 전문가 되기
- *(출간 저서)* 매일매일 채소롭게

| 커리어 이력

- *(2024~ing)* 프리랜서 - 디지털 기록 코치
- *(2022-2024)* 카카오스타일 - 프로모션 마케팅, CRM 마케팅
- *(2020-2022)* SK스토아 - 모바일 마케팅/프로모션/그로스TF/서비스기획
- *(2015-2020)* 롯데홈쇼핑 - 모바일 프로모션/캠페인 기획. 쇼핑몰 서비스 기획
- *(2013-2014)* 한국타이어 - 리테일 교육 기획. 사내 SNS 운영
- *(2008-2013)* 연세대학교 - 불어불문학 & 경영학

상세

그리고 마지막 '상세'에서는 진행했던 업무를 자세하게 보여준다. 이때 키워드별로 항목을 구분해 이미지와 함께 정리하면 보기가 더 편하다. 나는 상세 프로젝트를 콘텐츠, 강의, 커뮤니티 세 개 항목으로 나누었다.

🎥 기록 꿀팁 콘텐츠

- [유튜브] 최초 기록의 법칙 채널 운영 / 영상 콘텐츠 / 2024.07~
- [브런치] 메모 말고 기록 연재 / 아티클 / 2023.02~
- [뉴잉레터] 기록으로 만드는 단단한 일상 / 인터뷰 / 2024.07
- [퍼블리] 술술 쓰게 되는 글쓰기 시스템 / 아티클 / 2022.12
- [클래스101] 내 콘텐츠로 전문가 되기 / vod / 2022.10
- [뉴스레터] 함께하는 독학클럽 / 아티클 / 2021.08~2022.12

상세 프로젝트 연결

💡📖 기록 스킬업 강의

- [드림포레스트] 대학생을 위한 선택과 집중 기록법 / 강연 / 2024.11
- [대상주식회사] 내 기록 회고 & 아카이빙하기 / 강연 / 2024.10
- [서울시] IT 업계 재직자를 위한 포트폴리오 기록법 / 강연 / 2024.10
- [일미] 내 기록 아카이빙 하기 / 강연 / 2024.08~
- [넥스티] 나만의 콘텐츠 만드는 법 / 강연 / 2023.08
- [헤이조이스] SNS로 나 기록하기 / 강연 / 2023.06
- [헤이조이스] 나를 어필하는 포트폴리오 작성법 / 강연 / 2022.09

🌱✨ 기록 커뮤니티

- [넷플연가] 기록으로 나라는 브랜드 만들기 / 커뮤니티 / 2024.10
- [일미] 한달 회고 모임 / 커뮤니티 / 2024.08
- [일미] 하루 30분 공부하고 기록하기 / 커뮤니티 / 2022.03~

포트폴리오의 세부 항목을 자세히 살펴보세요.

각 프로젝트는 자세한 내용을 확인할 수 있도록 안내 페이지 링크를 달아둔다. 안내 페이지에는 간략한 진행 개요, 수치 성과, 사진을 첨부한다.

온라인 콘텐츠라면 구독자 수, 영상 조회 수, 아티클 만족도, 댓글 수 등의 수치를 활용한다. 오프라인 강의나 커뮤니티라면 참여자 수, 만족도 점수 등을 수치로 사용할 수 있다. 숫자로 결과를 표현하기 어려운 정성적인 성과나 공개하기 어려운 성과라면 결과 대신 과정을 활용해볼 수 있다. 누적 강연 시간, 커뮤니티 진행 기간이나 회차, 기록 워크숍에서 만든 콘텐츠 개수, 모임에서 함께 읽은 책 종수 등을 숫자로 나타낸다.

✦ 콘텐츠는 내가 자는 동안에도 나를 알린다

이렇게 포트폴리오에 들어갈 콘텐츠를 작성했다면 이제는 떠들썩하게 알릴 타이밍이다. 아무리 좋은 포트폴리오라도 봐주는 사람이 없다면 기회를 만들기 어렵다.

나를 알린다는 건 빈 수레를 요란하게 끄는 일이 아니다. 수레를 실속 있게 꽉 채운 다음 이 멋진 수레를 친절하게 선보이는 것이다. 모두가 늘 일에 파묻혀 정신없이 산다. 멋진 수레가 필요한데도 찾아볼 여유가 없어서 그냥 눈에 보이는 아무 수레를 가져다 쓴다. 다시 말하면 나라는 사람이 별로여서 안 쓰는 게 아니라 어디 숨어 있는지 몰라서 못 쓴다는 뜻이다. 그래서 내 수레를 항상 눈에 잘 띄는 자리에 놓아두어야 한다. 좋은 콘텐츠를 만들었다면 모두가 볼 수 있는 위치에 내 콘텐츠를 가져다두고, 시선을 사로잡는 포트폴리오를 만들었다면 눈에 잘 띄도록 여기저기 알리자.

회사 밖에서 일하는 사람들은 1인 다역을 할 수밖에 없다. 실무를 하는 팀원이자 외부에 팀을 알리는 팀장의 역할까지 담당한다. 실제 일을 하는 시간만큼, 아니 그보다 더 많은 시간과 에너지를 투자해서 내 일을 알려야 한다. 포트폴리오를 알리는 일은 어쩌면 포트폴리오를 만드는 것보다 더 중요할 수도 있다. 그래도 다행히 요즘은 발품을 팔지 않고도 나를 알릴 기회가 많아졌다. 온라인에서 조금만 손품을 팔면 자는 동안에도 내가 만든 콘텐츠가 나를 널리 알려준다.

SNS 채널 여기저기에 포트폴리오 링크를 붙이는 것부터 시작해보자. 링크드인, 인스타그램, 블로그에 포트폴리오 링크를 덧붙이자. 한 발 더 나아가 나처럼 '포트폴리오 제작 과정'을 콘텐츠로 만들어 발행하자. 포트폴리오 레퍼런스를 찾는 사람들이 자연스럽게 내 포트폴리오를 찾아보고, 자신의 콘텐츠에도 인용하면서 여기저기 알려줄 것이다. 발행하는 모든 콘텐츠 하단에 포트폴리오 링크를 붙이는 방법도 좋다.

✦ 우리의 경험은 이미 충분하니까

많은 사람이 비슷한 고민을 한다. 나는 전문성이 없어서 자신 있게 내 일을 소개하기 어렵다는 것이다. 이 고민은 5년 차 미만 주니어만 하는 게 아니다. 10년 차도, 20년 차도 비슷한 고민을 한다. 오히려 연차가 쌓일수록 연차에 맞는 전문성이 부족해 보이는 게 또 고민이다.

이에 대한 해결법을 점점 다양한 형태로 확장되고 있는 포트폴리오에서 찾아보자. 이제는 노션이나 PDF 문서뿐만 아니라 인스타그램이나 링크드인의 프로필이 포트폴리오 역할을 대신하기도 한다. SNS에 쌓아둔 콘텐츠가 신뢰를 주기도 한다. 사람들은 생각보다 남이 무슨 일을 하는지 잘 모른다. 자기 앞에 놓인 일을 처리하기에도 시간과 에너지가 부족하기 때문이다. 그래서 내가 어떤 일을 어떻게 하는 사람인지 SNS에 계속해서 알리는 게 중요하다.

물론 전문성은 타인의 인정이 기반이지만, 전문가가 되는 과정에서는 나의 확신도 못지않게 중요하다. 전문성에 자신이 없다면 '자기 확신'에서부터 시작하라는 말은 과학적으로도 증명된 사실이다. 레비틴은 《정리하는 뇌》에서 사람은 상대의 결정보다는 그들이 보여주는 확실성에 끌리게 된다고 말한다. 우리는 누구나 자기 마음만 볼 수 있기 때문에 어떤 결론에 도달할 때까지 사고 과정에서 겪었던 초조함과 망설임, 엉성함과 미묘한 단점은 속속들이 인식하면서도 다른 사람이 겪은 과정은 인식하지 못하기 때문이다.

나도 마찬가지였다. 10년 넘게 이커머스 마케터로 일하다가 돌연 퇴사를 하고 갑지기 기록으로 강의를 하고 책을 쓰겠다고 선언했다. 학위도 없고 기록 도구를 만든 것도 아니고, 사업을 하는 것도 아닌데 '기록 디톡스'라는 콘텐츠를 공유하고 스스로 '기록을 정리하는 사람'이라고 말하고 다녔더니 계속 일감이 들어왔다. 유튜브 채널을 만들어서 '디지털 기록 정리법', '디지털 기록 도구', '오래 기억에 남는 마인드맵 기록법'을 콘텐츠로 올렸다. 그랬더니 기록에 관심 있는 사람들이 내 채널을 구독하고, 내가 진행하는 워크숍과 프로그램에 참여했다. 지인들은 SNS를 보다가 기록과 관련된 책이나 세미나 정보를 보면 나를 태그해서 알려준다. SNS로 알게 된 사람들은 기록에 대한 고민이 있을 때 나에게 질문을 던진다.

아직 많은 사람에게 알려지지는 않았지만, 나를 아는 사람들은 기록이라는 키워드를 보면 가장 먼저 나를 떠올려준다. 기록이라는 키워드가 나의 대표 키워드로 자리 잡은 것이다. 기록이 인생에서 갑자기 튀어나온 것이 아니었기에 나의 확신이 설득력을 가질 수 있었다. 기록과 정리는 어릴 때부터 내 강점이자 관심사였으므로 회사 밖에서 기록으로 뭔가를 하겠다고 했을 때 모두가 고개를 끄덕였다. 회사 동료들은 내가 쓴 깔끔한 문서와 보고서를 보면서 기록법을 전수받고 싶다고 생각했다며 나의 커리어를 응원해주었다.

물론 어떤 분야든 실력을 먼저 갖춰야 한다. 하지만 그 분야의 구루가 될 때까지 연습만 하기에는 세상이 너무 빠르게 변하고 있다. 어느 정도 기초를 쌓았다면 그다음은 세상에 나를 드러내고 같이 호흡하면서 성장할 차례다.

우리의 경험은 이미 충분하다. 회사에서 마케터로서 고객의 마음을 읽으려 했던 시간, 기획자로서 새로운 서비스를 구상했던 순간, 디자이너로서 더 나은 사용자 경험을 고민했던 흔적, 개발자로서 문제를 해결해나갔던 과정, 일상에서 아침 루틴을 지키려 노력했던 시간, 시행착오를 거치며 찾아낸 나만의 시간 관리법, 책을 읽고 기록하며 얻은 인사이트, 프로젝트를 진행하며 깨달은 문제 해결의 노하우까지.

　나에게는 사소해 보이는 경험이 다른 누군가에게는 꼭 필요한 인사이트, 나아가 더 나은 삶을 만들어줄 실마리가 된다. 세상 어디에도 똑같은 경험은 없다. 비슷해 보이는 일이라도 각자가 겪는 과정, 느낀 감정, 문제 해결 방법은 모두 다르다. 그래서 우리의 경험은 그 자체로 가치가 고유하다. 메모를 기록으로 정리하고, 기록을 엮어 콘텐츠로 만들고, 묵묵히 그 시간을 쌓다 보면 그 누구에게도 없는 우리만의 브랜드가 만들어진다.

노션 템플릿을 활용해 나만의 포트폴리오를 만들어보세요.

내 브랜드의 시장성 테스트하기: 출판사 투고 & 플랫폼 제안

나만의 키워드로 콘텐츠를 쌓다 보면 문득 지금 내가 어디쯤 와 있는지 궁금해질 때가 있다. 그럴 때 나는 내 콘텐츠의 시장성을 테스트해보기 위해 출간 기획안을 만들어 출판사에 투고해본다. 이 책 역시 투고를 통해 출판 계약을 맺고 쓰게 되었다. 다음은 내가 지난 2년간 시간 날 때마다 투고했던 '출간 기획안 테스트' 방법이다.

출간 기획안 테스트

1단계. 시장 조사

오프라인 서점에서 내 콘텐츠에 해당하는 분야의 서가에 간다. 신간과 인기 도서가 진열된 앞쪽 광고 서가와 뒤쪽 서가 모두 둘러본다. 책 제목과 목차, 구성을 집중적으로 살펴보며 내 콘텐츠를 책으로 만든다면 어떤 모양일지 상상한다. 그리고 내 눈에 매력적인 책들의 판권에 적힌 출판사의 메일 주소를 수집한다. 스프레드 시트에 출판사 투고 리스트를 만든다.

2단계. 출간 기획안 작성

첫 책 출간 제안을 받으면서 출간 기획안이라는 걸 처음 접했다. 제목, 기획 의도, 예상 독자, 저자 소개, 셀링 포인트, 목차를 담은 한 장짜리 워드 문서였다. 이를 기준으로 온라인 서점의 상세 페이지를 참고하면서 출간 기획안 양식을 작성했다. 출판사 입장에서 가장 좋은 기획안은 독자를 설득할 수 있는 기획안이다. 온라인 서점을 꼼꼼하게 살펴보면서 인기 도서는 상세 페이지에서 어떤 정보를 제공하고, 어떤 문구로 독자를 설득하는지 확인했다.

3단계. 투고 메일 보내기

출간 기획안을 만들었다면, 1단계에서 수집한 메일 주소로 투고를 시작한다. 간혹 투고 절차로 메일 대신 홈페이지에 사전 등록된 질문에 답을 하도록 요구하는 출판사가 있는데, 출판사 입장에서 무엇을 궁금해하는지 알 수 있는 좋은 기회다.

메일로 출간 기획안을 보낼 때는 제목 짓기에 고민을 많이 한다. 메일을 열어보도록 만들기 위해 후킹 키워드로 제목을 구성한다.

[원고 투고] 브런치 구독자 3,800명 / 카카오 마케터의 기록 시스템 / 가제: 메모 말고 기록

물론 답변을 아예 받지 못하거나, 정성스러운 거절 메일을 회신받는

경우가 대부분이지만 실망하긴 이르다. 이 테스트의 진짜 목적은 출간 성공이 아니다. 출간 기획안과 투고 메일을 작성하면서 내 콘텐츠를 시장의 관점에서 고민하는 경험이 진짜 목적이다. 출간 기획안과 투고 메일은 보는 사람이 명확한 또 하나의 콘텐츠다. 이를 통해 내 콘텐츠를 업계 담당자 입장에서 바라보는 새로운 경험을 하게 된다. 투고를 할수록 자연스럽게 콘텐츠 기획 능력이 높아진다. 그렇게 수정을 거듭하면서 투고하다 보면 어느 날, 미팅을 하자는 연락을 받을 것이다.

퍼블리 테스트

책 한 권 분량의 콘텐츠는 떠올리기 어렵지만, 한 챕터 정도의 기획안은 작성해볼 수 있다면 커리어 콘텐츠 플랫폼인 퍼블리에 기획안을 보내보자. 나 역시 1만 자 정도 되는 한 꼭지의 콘텐츠 아이디어가 떠올랐을 때 퍼블리에 기획안을 보내서 콘텐츠의 효용성을 테스트해본다.

퍼블리 콘텐츠 기획안은 제안 목적, 제목, 예상 독자, 목차를 간략하게 노션이나 구글 문서로 작성한다. 주제는 AI로 복잡한 SQL 코딩하기, 포트폴리오 업데이트하기 등 실용적인 업무 노하우를 알려주는 콘텐츠가 대부분이고, 아티클에 문서나 AI 도구를 사용하는 캡처 이미지를 삽화로 싣는 경우가 많아서 콘텐츠를 예상할 수 있는 이미지도 기획안에 포함하면 좋다.

    퍼블리 콘텐츠 매니저와 기획안을 토대로 의견을 나누며 발전시키는 과정도 투고만큼이나 콘텐츠에 대한 관점을 키우는 데 도움이 된다.

    이 외에도 내가 가진 콘텐츠 유형에 따라 시장성을 테스트해볼 수 있는 플랫폼이 많으므로 나에게 맞는 플랫폼의 문을 적극적으로 두드려보자.

〈오프라인 모임 만들기〉

- 트레바리, 넷플연가, 프립, 문토, 소모임, 솜씨당 등

〈프리랜서로서 독립을 테스트하기〉

- 크몽, 숨고, 당근 등

〈콘텐츠를 상품화하기〉

- 와디즈, 텀블벅, 아이디어스 등

에필로그

내 일을 위한 가장 확실하고
지속 가능한 무기

이 책을 마무리하며 돌아보니, 회사 밖 홀로서기를 선언한 지 어느덧 9개월이 흘렀다. 그동안 회사 업무에 허덕이느라 미뤄두었던 일들을 마음껏 했다. 하루 종일 책을 읽고 원 없이 글을 썼다. 기록을 좋아하는 분들과 모임을 만들고, 기록과 정리를 주제로 직장인, 대학생, 워킹맘을 포함해 다양한 대상을 위한 강연을 진행했다. 6년 된 휴대폰으로 가볍게 시작한 유튜브가 기대 이상으로 성장하며 작가보다 유튜버로 불리는 일도 많아졌다.

이 모든 변화의 시작은 기록이었다. 영감을 메모하고, 메모를 기록으로 정리하고, 기록을 쌓아 콘텐츠를 만드는 촘촘한 과정을 반복하며 시간을 내 편으로 만들 수 있었다. 덕분에 오늘보다 내일을, 30대보다 40대를 더 기대하게 되었다. 기록은 흘러가는 시간을 눈에 보이는 결과물로 바꾸어 나를 앞으로 나아가게 만들어준 빛나는 무기였다.

신입 사원 티를 벗을 즈음부터 동료들과 만나면 항상 대화의 마무리는 "회사 밖에서 뭐 해 먹고 살지?"로 끝났다. 한때 N잡러, 사이드 프로젝트, 스마트스토어 부업 등이 반짝 인기를 끌기도 했지만, 나만의 확실한 키워드, 콘텐츠, 브랜드에 집중하지 않고 유행하는 것, 돈이 되는 것만 좇으면 오래갈 수 없다.

저성장 시대를 맞이한 우리에게 이제 홀로서기는 선택이 아닌 필수라고들 하지만 준비 없이 성큼 다가오는 미래는 막막하기만 하다. 나 역시 정신없이 쏟아지는 새로운 기술을 볼 때마다 뒤처지지 않고 잘 따라잡을 수 있을지 불안했다. 정답이 없으니 나답게 도전하라는 말이 야속하게 느껴지기도 했다.

그 흔들리는 마음을 단단하게 붙들어준 게 바로 기록이었다. 볼 수도 만질 수도 없는 불안과 두려움이 마음속에서 커져

갈 때, 시간의 흐름에 따른 변화를 눈에 보이는 텍스트로 촘촘히 기록해나가면서 불안감을 통제할 수 있는 대상으로 바꾸었다. 제자리걸음을 반복하는 것 같은 하루하루를 꾸준히 기록하면서, 매일의 성장이 명확한 증거로 쌓여 스스로에 대한 확신을 다질 수 있었다. 나는 기록으로 나와의 신뢰 관계를 회복했고, 그 과정을 지켜본 사람들은 점점 더 내 기록과 기록법에 관심을 갖기 시작했다.

이 책을 통해 우리는 기록이라는 빛나는 무기를 얻었다. 그 든든한 무기를 품에 안고 무엇을 하고 싶은지 생각해보자.
기록은 당장 회사 밖에서 돈을 버는 확실한 방법을 알려주지는 않는다. 나는 그게 기록의 탁월한 효용 가치라고 생각한다. 마음 급한 사람들이 떠나버린 경기장을 지키고 선 우리는 서로 경쟁할 필요도, 뒤처질까 봐 걱정할 필요도 없이 안전하다. 경쟁자를 의식하지 않아도 되는 나만의 영역에서 나만의 방식으로 성장할 수 있다. 독보적인 고유함은 저절로 따라붙는다.
역설적이게도, 가장 비효율적인 방식은 가장 효율적으로 성공적인 결과를 보장한다. 따라서 비효율적으로 보일수록 의심 없이 시도해볼 일이다.

고등학생 때, 나는 필기 노트를 친구들에게 흔쾌히 빌려주곤 했다. 옆자리 1등이 필기 노트를 보여주지 않으려고 암호를 써가며 노트를 사수할 때, 2등이었던 나는 반 친구들에게 복사해서 보라며 노트를 통째로 내어줬다. 진짜 공부는 남이 만든 필기 노트를 외우는 것이 아니라 직접 나만의 노트를 만드는 것임을 알았기 때문이다. 결과는 따라 할 수 있지만 과정은 따라 할 수 없다.

이제 우리는 기록이라는 강력한 무기를 손에 쥐고, 지금 새로운 시작점에 서 있다. 불안한 미래 앞에서 기록으로 길을 찾아가자. 조금 느리더라도 가장 확실하고, 재미있고, 지속 가능한 이정표가 되어줄 것이다.

내 일을 위한 기록

초판 발행 · 2025년 4월 16일
초판 2쇄 발행 · 2025년 5월 21일

지은이 · 제갈명(단단)
발행인 · 이종원
발행처 · (주)도서출판 길벗
브랜드 · 더퀘스트
출판사 등록일 · 1990년 12월 24일
주소 · 서울시 마포구 월드컵로 10길 56 (서교동)
대표전화 · 02) 332-0931 | **팩스** · 02) 323-0586
홈페이지 · www.gilbut.co.kr | **이메일** · gilbut@gilbut.co.kr

기획 및 책임편집 · 유나경(ynk@gilbut.co.kr) | **제작** · 이준호, 손일순, 이진혁
마케팅 · 정경원, 김진영, 조아현, 류효정 | **유통혁신** · 한준희
영업관리 · 김명자, 심선숙, 정경화 | **독자지원** · 윤정아

교정교열 · 조유진 | **디자인** · 스튜디오 수박 | **CTP 출력 및 인쇄** · 금강인쇄 | **제본** · 금강인쇄

· 더퀘스트는 (주)도서출판 길벗의 인문교양·비즈니스 단행본 브랜드입니다.
· 이 책은 저작권법의 보호를 받는 저작물로 이 책에 실린 모든 내용, 디자인, 이미지, 편집 구성은
  허락 없이 복제하거나 다른 매체에 옮겨 실을 수 없습니다.
· 인공지능(AI) 기술 또는 시스템을 훈련하기 위해 이 책의 전체 내용은 물론 일부 문장도 사용하는 것을 금지합니다.
· 잘못 만든 책은 구입한 서점에서 바꿔 드립니다.

ⓒ 제갈명, 2025

ISBN 979-11-407-1305-9(03320)
(길벗 도서번호 070544)

정가 19,000원

독자의 1초를 아껴주는 정성 길벗출판사
(주)도서출판 길벗 | IT단행본, 성인어학, 교과서, 수험서, 경제경영, 교양, 자녀교육, 취미실용 www.gilbut.co.kr
길벗스쿨 | 국어학습, 수학학습, 주니어어학, 어린이단행본, 학습단행본 www.gilbutschool.co.kr

인스타그램 · thequest_book | **페이스북** · thequestzigi | **네이버포스트** · thequestbook